SOBRE A FELICIDADE

Frédéric Lenoir

Sobre a felicidade
Uma viagem filosófica

TRADUÇÃO
Véra Lucia dos Reis

3ª reimpressão

Copyright © by Librairie Arthème Fayard, 2013

Grafia atualizada segundo o Acordo Ortográfico da Língua Portuguesa de 1990, que entrou em vigor no Brasil em 2009.

Título original
Du bonheur: un voyage philosophique

Capa
Estúdio Bogotá

Preparação
Luísa Ulhoa

Revisão
Ana Maria Barbosa
Marise Leal

Dados Internacionais de Catalogação na Publicação (CIP)
(Câmara Brasileira do Livro, SP, Brasil)

Lenoir, Frédéric
   Sobre a felicidade: uma viagem filosófica / Frédéric Lenoir ; tradução Véra Lucia dos Reis. – 1ª ed. – Rio de Janeiro : Editora Objetiva, 2016.

   Título original: Du bonheur: un voyage philosophique.
   ISBN 978-85-470-0005-9

   1. Felicidade – Filosofia. I. Título.

16-01862   CDD-170

Índice para catálogo sistemático:
1. Felicidade : Filosofia 170

[2021]
Todos os direitos desta edição reservados à
EDITORA SCHWARCZ S.A.
Praça Floriano, 19, sala 3001 — Cinelândia
20031-050 — Rio de Janeiro — RJ
Telefone: (21) 3993-7510
www.companhiadasletras.com.br
www.blogdacompanhia.com.br
facebook.com/editoraobjetiva
instagram.com/editora_objetiva
twitter.com/edobjetiva

Sumário

Prólogo 7
1. Amar a vida que se leva 17
2. No jardim dos prazeres, com Aristóteles e Epicuro 23
3. Dar sentido à vida 33
4. Voltaire e o imbecil feliz 36
5. Todo ser humano deseja ser feliz? 39
6. A felicidade não é deste mundo:
   Sócrates, Jesus, Kant 43
7. Da arte de ser você mesmo 47
8. Schopenhauer: A felicidade está em nossa
   sensibilidade 50
9. O dinheiro traz felicidade? 55
10. O cérebro das emoções 61
11. Sobre a arte de estar atento... e de sonhar 67
12. Somos o que pensamos 74
13. O tempo de uma vida 80
14. Podemos ser felizes sem os outros? 83

15. O contágio da felicidade 88
16. Felicidade individual e felicidade coletiva 91
17. A busca da felicidade pode trazer a infelicidade?........... 97
18. Do desejo ao tédio: a felicidade impossível 101
19. O sorriso de Buda e de Epiteto 105
20. O riso de Montaigne e de Chuang-Tzu 119
21. A alegria de Spinoza e de Ma Anandamayi 141
    Epílogo 161
    Notas 169
    Bibliografia escolhida 179

Prólogo

É necessário meditar sobre o que proporciona felicidade, já que, quando a temos, possuímos tudo, e quando ela está ausente, fazemos de tudo para alcançá-la.[1]

EPICURO

Há muitos anos tenho o projeto de escrever um livro sobre a felicidade. Há muitos anos o venho adiando. Embora a procura da felicidade seja, sem dúvida, o que há de mais compartilhado no mundo, não é fácil escrever a respeito. Irrito-me com o uso intempestivo da palavra, particularmente nas publicidades, bem como pela abundância de obras que pretendem oferecer "receitas" prontas de felicidade. De tanto ouvir falar a torto e a direito, a questão da felicidade, desperdiçada, se torna inaudível. Por detrás dessa banalização e sua aparente simplicidade, porém, a questão permanece apaixonante e remete a uma multiplicidade de fatores difíceis de se separarem.

Isso se deve notadamente à própria natureza da felicidade: sob alguns aspectos, ela é tão intangível quanto a água ou o vento. Assim que pensamos tê-la conquistado, ela nos escapa. Se tentamos retê-la, ela foge. Às vezes, se esquiva quando a esperamos e surge inadvertidamente no momento mais inesperado. Acontece ainda de só a reconhecermos quando a infelicidade sobrevém: "Reconheci a felicidade pelo ruído que ela fez ao partir", escreve em belas palavras Jacques Prévert. Contudo, fiz a experiência, e a procura da felicidade não é uma busca insensata. Pode-se realmente ser mais feliz refletindo sobre a própria vida, efetuando um trabalho sobre si mesmo, aprendendo a fazer escolhas mais sensatas ou, ainda, modificando nossos pensamentos, crenças ou as ideias que temos de nós mesmos e do mundo. O grande paradoxo da felicidade é que ela é tão indomável quanto cultivável. Ela depende tanto do destino ou da sorte quanto de uma atitude racional e deliberada. Há quase 25 séculos, o filósofo grego Aristóteles já destacava essa ambiguidade: "É difícil saber se a felicidade é uma coisa que se pode aprender, ou se adquire por hábito ou algum outro exercício, ou se, finalmente, ela nos cabe por algum favor divino ou até mesmo pelo acaso".[2]

Outra dificuldade está ligada ao caráter eminentemente relativo da felicidade: ela varia conforme as culturas, os indivíduos e, para cada um, de acordo com as fases da vida, ela assume muitas vezes a face daquilo que não temos: para um doente, a felicidade está na saúde; para um desempregado, no trabalho; para alguns solteiros, na vida de casal... e, para alguns cônjuges, na volta a ser solteiro! A essas disparidades acrescenta-se uma dimensão subjetiva: um artista é feliz na prática de sua arte; um intelectual, na manipulação de conceitos; um sentimental, na relação amorosa. Sigmund Freud, o pai da psicanálise, esclareceu muito bem esse ponto ao determinar que "é a constituição psíquica do indivíduo que será decisiva. O ser humano em quem predomina o erotismo dará prioridade às relações sentimentais com outras pessoas; o narcisista, contentando-se de preferência consigo mesmo, procurará suas satisfações essenciais nos fenômenos psíquicos internos; o homem de ação permanecerá preso ao mundo exterior sobre o qual ele pode pôr suas forças à prova".[3] É um dos motivos pelos quais não existe "receita" de felicidade válida para todos.

Toda reflexão filosófica sobre a felicidade seria então inútil? Não creio. Por mais interessante que seja sublinhar e compreender os traços intangíveis, relativos e subjetivos da felicidade, a questão não se esgota. Existem também as leis da vida e do funcionamento humano que a tocam fortemente e que podemos apreender tanto pela reflexão filosófica clássica quanto pelas abordagens científicas: psicologia, sociologia, biologia, ciências cognitivas. E se o filósofo do século XXI tem algo novo a dizer sobre o assunto no que se refere aos grandes pensadores do passado é sem dúvida, precisamente, alimentando sua reflexão das contribuições da ciência contemporânea. É também fundindo os saberes, mesmo os mais antigos, já que temos hoje a oportunidade de conhecer bem o pensamento dos sábios de todas as grandes culturas do mundo. Pitágoras, Buda e Confúcio poderiam com certeza dialogar, já que provavelmente eram contemporâneos, mas as barreiras geográficas e linguísticas tornavam esse encontro improvável. Esse encontro seria possível nos dias atuais por meio da comparação dos textos desses autores, que passaram à posteridade. Não percamos a chance.

Porque os Antigos estavam convictos do caráter aleatório e, definitivamente, do caráter em essência injusto da felicidade, as diversas etimologias da palavra remetem quase sempre à noção de sorte, de destino favorável. Em grego, *eudaimonia* pode ser entendida como ter um bom *daimôn*. Hoje diríamos: ter um anjo guardião, ou ter nascido sob uma boa estrela. Em francês, *bonheur* vem do latim *bonum augurium:* "bom augúrio" ou "boa fortuna". Em inglês, *happiness* provém da raiz islandesa *happ*, "sorte". E há, sem dúvida, uma importante dose de "sorte" no fato de ser feliz: ainda que seja porque a felicidade se relaciona, como veremos, com nossa sensibilidade, com nossa herança biológica, com o meio familiar e social no qual nascemos e crescemos, com o meio no qual evoluímos, com os encontros que balizam nossas vidas.

Assim sendo, se somos propensos, por nossa natureza, ou pelo destino, a ser felizes ou infelizes, uma reflexão sobre a felicidade pode nos ajudar a ser mais felizes? Creio que sim. A experiência, confirmada por inúmeras pesquisas científicas, mostra que temos certa responsabilidade pelo fato de sermos felizes (ou de não sê--lo). A felicidade ao mesmo tempo nos escapa e depende de nós. Somos *condicionados*, mas não *determinados* a ser mais ou menos felizes. Temos, portanto, a faculdade, notadamente pelo uso da razão e da vontade, de aumentar nossa capacidade de sermos felizes (sem que, por isso, o sucesso da busca nos seja garantido). Por também possuírem essa convicção, muitos filósofos redigiram livros ditos de "ética", consagrados ao que pode nos levar a viver a vida melhor e mais feliz possível. Não seria, aliás, a principal razão de ser da filosofia? Como lembra Epicuro, sábio ateniense que viveu pouco tempo depois de Aristóteles, "a filosofia é uma atividade que, por discursos e reflexões, nos proporciona a vida feliz".[4] A busca por uma vida "boa" ou "feliz" é o que se chama de sabedoria. Por isso a palavra "filosofia" significa etimologicamente "amor da sabedoria". A filosofia nos ensina a pensar bem para tentar viver melhor. Nesse campo, porém, ela não se resume ao pensamento: ela também tem uma face prática e pode, à maneira dos Antigos, encarnar-se em exercícios psicoespirituais. A universidade forma especialistas, enquanto a filosofia antiga pretendia formar homens. Como mostrou Pierre Hadot no conjunto de sua obra, "verdadeira filosofia é, pois, na Antiguidade, exercício espiritual".[5] A maioria das obras dos filósofos gregos e romanos "emana de uma escola filosófica, no sentido mais concreto da palavra, na qual um mestre forma discípulos e se esforça para conduzi-los à transformação e à realização de si mesmos".[6]

É, portanto, uma viagem filosófica, compreendida em um sentido amplo, que eu gostaria de sugerir ao leitor. Este percurso não é absolutamente linear, não segue a ordem cronológica de surgimento dos autores, nem a emergência de conceitos, o que seria bastante convencional e tedioso. É antes um encaminhamento, o mais vivaz possível, pontuado de interrogações e de exemplos concretos, no qual o leitor encontrará tanto a análise de psicólogos quanto as últimas contribuições da ciência. É, acima de tudo, uma viagem na qual, ao longo dos exemplos de regras de vida ou de exercícios espirituais, ele caminhará em companhia dos gigantes do passado — de Buda a Schopenhauer, passando por Aristóteles, Chuang-Tzu, Epicuro, Epiteto, Montaigne ou Spinoza — que contribuíram para o eterno questionamento e para a prática da vida feliz.

Antes de iniciar esta viagem filosófica, gostaria de me alongar ainda por alguns instantes sobre a questão da felicidade tal como ela se apresenta hoje. Com efeito, podemos constatar, à primeira vista de modo surpreendente, um contraste impressionante entre o entusiasmo popular — bastante divulgado na mídia — e um desinteresse, até mesmo certo desprezo, por parte de larga parcela dos intelectuais da universidade. Robert Misrahi, um dos melhores especialistas em Spinoza e autor de uma bela obra pessoal sobre a questão da felicidade, se questiona nos seguintes termos: "Assistimos hoje a um paradoxo bem estranho. Enquanto na França e no mundo todos aspiram a uma felicidade coletiva que pode se revestir de mil formas, a filosofia se dedica a estudos formais sobre a linguagem e sobre o conhecimento, a menos que, querendo-se concreta, ela se satisfaça por vezes na descrição do que chama de trágico".[7] Quais são os motivos desse desinteresse, ou mesmo dessa desconfiança no que se refere à questão da felicidade? Como explicar, ao contrário, o crédito de que ela goza atualmente junto a um grande público?

Reatando com a filosofia antiga para além do cristianismo — para o qual a verdadeira felicidade só se encontra no além —, Montaigne e Spinoza foram os precursores de uma busca filosófica moderna da felicidade. O século XVIII, o das Luzes, assiste à proliferação dos tratados sobre o tema. Saint-Just escreve: "a felicidade é uma ideia nova na Europa",[8] e a "procura da felicidade" está até mesmo descrita na Declaração de Independência Americana (1776) como um direito inalienável do ser humano. A busca da felicidade se democratiza e acompanha a sede coletiva de progresso das sociedades. Desde o século XIX, porém, ao mesmo tempo em que a aspiração ao progresso social se amplia, surge uma crítica da procura da felicidade individual. Inicialmente, no seio do movimento romântico: é a infelicidade que aparece como mais autêntica, mais humana, mais emocionante, mais criativa. Cultiva-se o *spleen*, fonte essencial de inspiração, e uma estética da tragédia e do sofrimento reconhecidos como louváveis e criativos. A busca da felicidade, vista como uma preocupação burguesa de ascender ao conforto e à tranquilidade, é, por consequência, desprezada, vilipendiada. Flaubert nos oferece uma definição cheia de ironia: "Ser tolo, egoísta e ter boa saúde: eis as três condições exigidas para ser feliz. Mas se a primeira lhe falta, tudo está perdido".[9] A isso se acrescenta uma crítica mais radical: definitivamente, a busca da felicidade não serviria para grande coisa. Quer porque se considera que a vida feliz depende exclusivamente da sensibilidade do indivíduo (Schopenhauer), ou das condições sociais e econômicas (Marx), quer porque se encara a felicidade como um estado fugidio, "um fenômeno episódico" (Freud),[10] desconectado de toda verdadeira reflexão sobre a própria existência. Os dramas do século XX tornaram os intelectuais europeus ainda mais pessimistas, e a questão da angústia passou a ser o foco de seus trabalhos (Heidegger, Sartre), enquanto a busca da felicidade era relegada à categoria das utopias obsoletas.

Depois, todavia, que as grandes ideologias políticas mostraram-se incapazes de tornar o mundo melhor e, ao desabarem, terem minado a crença no progresso — mito fundador da modernidade —, a questão da felicidade individual ressurgiu com força. Inicialmente, nos anos 1960, nos Estados Unidos, no seio do movimento da contracultura. Por meio de uma síntese das espiritualidades orientais e da psicologia moderna, então se multiplicam as primeiras experiências do que se chamará mais tarde de "desenvolvimento pessoal", que visa aumentar o potencial criativo do indivíduo, para que ele seja o mais feliz possível. O melhor — sobretudo a "psicologia positiva" — caminha lado a lado com o pior: a bobajada intragável New Age sobre a felicidade a preço de banana. Vinte anos depois, na Europa e particularmente na França, nasce um novo interesse pela filosofia encarada como sabedoria. Alguns filósofos ousam recolocar e repensar a questão da felicidade: Pierre Hadot, Marcel Conche, Robert Misrahi, ou ainda André Comte-Sponville, Michel Onfray e Luc Ferry, que muito contribuíram para tornar essa abordagem novamente popular: "Se a filosofia não nos ajuda a ser felizes, ou menos infelizes, de que serve a filosofia?",[11] exclama André Comte-Sponville. É por esse mesmo motivo que as sabedorias orientais provocam cada vez mais a curiosidade dos ocidentais, particularmente o budismo, que tem a questão da felicidade como central. A convergência desses três movimentos — desenvolvimento pessoal, sabedoria filosófica, interesse pelas espiritualidades asiáticas — alimenta as novas buscas individuais de felicidade e de realização pessoal no Ocidente, que vive a perda de sentido e de referências coletivas.

A maioria das elites intelectuais, porém, continua cética. Tanto pelos motivos que acabo de evocar (pessimismo e estética do trágico), com os quais não concordo, quanto por aqueles que eu aceito: dificuldade de delimitar uma ideia que nos escapa continuamente, ou irritação diante da mercantilização da felicidade, da banalização e da alteração de sua problemática por uma multidão de obras de rara indigência. É, portanto, de bom tom caçoar da busca da felicidade e insistir na necessidade de estar mal, de sofrer (especialmente em se tratando de paixão amorosa), para melhor vivenciar os instantes de felicidade que a vida nos oferece sem que se os tenha procurado. O ensaísta Pascal Bruckner, autor de uma estimulante crítica da busca moderna da felicidade, resume bem as coisas: "Amo demais a vida para não querer qualquer coisa que não ser feliz".[12]

Creio que outra razão — essa, menos confessável — da hesitação ou da desconfiança de alguns intelectuais e universitários com relação a esse tema reside no fato de que dificilmente ele pode ser abordado sem que a pessoa se exponha de maneira pessoal. Pode-se discorrer sem cessar sobre a linguagem, a hermenêutica, a teoria do conhecimento, a epistemologia ou a organização dos sistemas políticos sem que isso nos implique necessariamente de forma íntima. O mesmo não acontece com a questão da felicidade, que toca, como vamos ver, as crenças e o sentido que damos à vida. É impossível dar um curso ou uma conferência sobre o assunto sem que um ouvinte pergunte: "E você? Qual o sentido? Que ética de vida? Você é feliz? Por quê?". São perguntas embaraçosas para muitos.

Quanto a mim, não tenho a menor vergonha de confessar que a questão da felicidade me interessa também a título pessoal, e não hesito em citar exemplos de práticas psicoespirituais tiradas de minha própria experiência. Tendo já feito referências a essas experiências em meu *Pequeno tratado de vida interior*, evitarei aqui, tanto quanto possível, voltar explicitamente a aspectos pessoais para acompanhar de perto a linha de meu raciocínio. Contudo, é evidente que esse raciocínio foi tecido tanto por minhas leituras quanto por minha própria vida, e que ele reflete tanto as influências que sofri quanto as conclusões pessoais a que cheguei durante os 35 anos em que essa questão me interessa.

1. Amar a vida que se leva

Não há condição humana, por mais humilde e miserável que seja, que não tenha diariamente a sugestão da felicidade: para alcançá-la, nada é necessário além de si.[1]

JEAN GIONO

É muito mais fácil, para cada um de nós, responder à pergunta: "O que me faz feliz?" do que a essa delicada interrogação: "O que é a felicidade?". Posso afirmar que sou feliz quando me encontro junto aos que amo, quando ouço Bach ou Mozart, quando progrido no meu trabalho, quando acaricio um gato perto de um bom fogo de lareira, quando ajudo alguém a sair da tristeza ou da infelicidade, quando degusto um prato de crustáceos com amigos num pequeno porto diante do mar, quando medito em silêncio, ou quando faço amor, quando bebo de manhã minha primeira xícara de chá, quando olho o rosto de uma criança sorrindo, quando faço uma caminhada na montanha, ou um passeio na floresta... Todas essas experiências, entre muitas outras, me fazem feliz. Mas a felicidade reside simplesmente na soma desses momentos? E por que essas experiências me trazem felicidade, já que elas não tornariam qualquer pessoa feliz? Conheço gente que tem horror à natureza e aos animais, a Bach e aos crustáceos, ao chá e aos silêncios prolongados. Então a felicidade é apenas subjetiva, somente se realiza por meio da satisfação de nossas preferências naturais. E por que é que em determinados momentos sinto-me feliz por viver esta ou aquela experiência e não outras, quando meu espírito está preocupado, meu corpo, doente, ou meu coração, inquieto? A felicidade se encontra em nossa relação com outros e com os objetos exteriores, ou antes, em nós, num estado de paz interior que nada poderia perturbar?

É certo que podemos viver bem, e mesmo bastante felizes, sem nos perguntarmos sobre a felicidade, sobre o que pode fazê--la surgir ou crescer. É o caso, por exemplo, quando se vive num mundo estruturado em que a questão do bem-estar individual mal se coloca, no qual se tira a felicidade das mil e uma experiências da vida cotidiana, mantendo-se o lugar e o papel no seio da comunidade à qual se pertence, aceitando-se sem hesitação seu quinhão de sofrimento. Milhares de indivíduos viveram dessa forma e continuam a viver assim nos universos tradicionais. Basta viajar um pouco para comprovar isso. Acontece de modo diferente nas sociedades modernas: nossa felicidade não está mais imediatamente ligada ao "dado imediato" da vida cotidiana e social; nós a perseguimos por meio do exercício de nossa liberdade, ela depende mais de nós mesmos e da satisfação de nossos numerosos desejos — esse é o preço de nosso desejo de autonomia.

Certamente, no mundo moderno, também podemos ser mais ou menos felizes sem fazer muitas perguntas. Procuraremos ao máximo o que oferece prazer e evitaremos o quanto possível o que é difícil e doloroso. Mas a experiência mostra que, por vezes, existem coisas muito agradáveis no momento, que produzem efeitos desagradáveis posteriormente, como beber além da conta, ceder a uma pulsão sexual inapropriada, usar drogas, entre outros. Inversamente, experiências dolorosas nos fazem crescer e se revelam benéficas no longo prazo: realizar um esforço prolongado durante os estudos ou na prática de uma atividade artística, submeter-se a uma operação ou tomar um remédio desagradável, romper com uma pessoa que nos faz infeliz, mas da qual não conseguimos nos desligar etc. A busca do agradável e a recusa do desagradável não são sempre, portanto, bússolas confiáveis para quem procura levar uma existência feliz.

A vida nos ensina também que trazemos dentro de nós diversos freios que entravam a realização de nossas aspirações profundas: medos, dúvidas, orgulho, inveja, impulsos, ignorância, entre outros. Do mesmo modo, não podemos controlar determinados acontecimentos que podem nos tornar infelizes: um ambiente afetivo ou relacional infeliz, a perda de alguém próximo, um problema de saúde, um fracasso profissional... Quando aspiramos a ser felizes — pouco importa o que esse adjetivo encerre para nós —, constatamos que a felicidade é algo sutil, complexo, volátil, que parece profundamente aleatório.

É por esse motivo que a sociedade científica quase nunca emprega a palavra. Sejam eles psicólogos, especialistas do cérebro, ou sociólogos, quase todos preferem falar de "bem-estar subjetivo", o qual procuram avaliar pelo índice de "satisfação" com a vida das pessoas sondadas ou estudadas. O estado de "bem-estar subjetivo" é por vezes um instantâneo: é o estado no qual a pessoa se encontra no momento em que ela é objeto de estudo científico — quando lhe aplicam eletrodos no crânio, por exemplo, a fim de observar o que acontece em seu cérebro enquanto a pessoa vivencia determinada solicitação ou realiza uma atividade. Os cientistas reconhecem, todavia, que embora os estudos bioquímicos e a imagética cerebral permitam apreender o prazer (estímulo simples), eles nunca medem a felicidade (processo complexo). Para se falar de um "bem-estar subjetivo" que se assemelharia mais a essa experiência complexa, psicólogos e sociólogos realizaram pesquisas destinadas a delimitá-las em sua totalidade e em determinado período de tempo: que avaliação "globalizante" o indivíduo faz de sua vida? A pergunta vai muito além da sensação percebida no instante exato em que o entrevistado responde a ela. De fato, uma pessoa pode sentir um mal-estar pontual em razão, por exemplo, de uma doença ou de uma preocupação profissional acontecida exatamente no dia em que responde à pesquisa, mas apresenta uma resposta positiva à pergunta caso ela se sinta globalmente satisfeita com sua vida. Ao contrário, é possível experimentar-se momentos de bem-estar em meio a uma existência inteiramente sofrida.

A felicidade não é, portanto, uma emoção passageira (agradável ou desagradável), mas um estado que se deve encarar com certa globalidade e em determinado período de tempo. Dizemos que somos "felizes" ou que estamos "satisfeitos" com nossa existência porque ela, no conjunto, nos oferece prazer, porque encontramos certo equilíbrio entre nossas diversas aspirações, certa estabilidade em nossos sentimentos e emoções, certa satisfação nos campos mais importantes — afetivo, profissional, social, espiritual. Inversamente, nos consideramos "infelizes" ou "insatisfeitos" com nossa vida se ela nos oferece pouco prazer, se somos sufocados por aspirações contraditórias, se nossos afetos (emoções, sentimentos) são instáveis e totalmente dolorosos, ou se somos habitados por um vivo sentimento de fracasso afetivo ou social. É em tal *totalidade* que nos percebemos felizes ou infelizes, e é em determinado período de tempo que podemos avaliar esse estado.

Eu acrescentaria que é essencial ter *consciência* da felicidade para ser feliz. Só podemos responder que estamos "plenamente satisfeitos com a vida" quando refletimos sobre a própria existência. Os animais certamente sentem bem-estar, mas teriam consciência da sorte que têm de se sentir bem? A felicidade é um sentimento humano ligado à consciência de si. Para ser feliz, é preciso ter consciência do bem-estar, do privilégio ou do dom que representam os bons momentos da existência. Estudos psicológicos mostraram que temos mais consciência dos acontecimentos negativos do que dos acontecimentos positivos que nos sobrevêm. Os negativos nos marcam mais, nós os memorizamos melhor. Provavelmente, este fato está ligado ao princípio da psicologia evolucionista segundo o qual, para sobreviver, é mais importante localizar e memorizar um perigo, a fim de encontrar a solução destinada a evitá-lo, do que um acontecimento agradável. E é por isso que é necessário, assim que vivermos um momento suave, alegre, tomar consciência dessa sensação, acolhê-la plenamente e cultivá-la o máximo possível. O que Montaigne sublinhou insistentemente em sua linguagem floreada:

> Se me encontro num estado tranquilo e há algum prazer que me estimule não deixo que os sentidos o roubem: associo-lhe minha alma. Não para nele se envolver, mas para comprazer-se; não para nele se perder, mas para encontrar-se. E faço-a, de seu lado, mirar-se nesse feliz estado e avaliar e considerar essa felicidade, e ampliá-la.[2]

A experiência mostra assim que a tomada de consciência de nosso estado de satisfação contribui para o aumento de nossa felicidade. Saboreamos nosso bem-estar, o que reforça em nós o sentimento de plenitude: nós nos alegramos, somos felizes por sermos felizes.

Para resumir, eu diria que a definição psicológica da felicidade remete a esta simples questão: nós gostamos da vida que levamos? Aliás, é desse modo que, geralmente, a pergunta é formulada nas pesquisas sobre o "bem-estar subjetivo" dos indivíduos: "De modo geral, você se sente muito satisfeito, satisfeito, não muito satisfeito, ou nem um pouco satisfeito com a vida que leva?". Essa avaliação pode naturalmente variar com o tempo.

Já podemos, portanto, falar de felicidade compreendida como "bem-estar subjetivo", como consciência de estado de satisfação (mais ou menos) total e durável. Entretanto, seria para descrever a felicidade no sentido pleno do termo? E mais: é possível agir sobre ela? Podemos torná-la mais intensa, mais durável, mais plena, menos dependente das circunstâncias da vida?

Enfim, ainda não evocamos os "conteúdos" da felicidade. Como destaca Aristóteles, "sobre a natureza mesma da felicidade, ninguém se entende, e as explicações dos sábios e das massas estão em desacordo".[3]

2. No jardim dos prazeres, com Aristóteles e Epicuro

A felicidade não existe sem o prazer.[1]

ARISTÓTELES

Continuemos nosso questionamento filosófico com Aristóteles e Epicuro, dois pensadores gregos que fizeram da felicidade um dos temas centrais de seu pensamento. Aristóteles foi, durante alguns anos, o preceptor de Alexandre, o Grande, e durante vinte anos discípulo de Platão. Em 335 a.C., com 49 anos, ele deixa a academia de seu mestre para fundar em Atenas sua própria escola: o Liceu. Aristóteles é um espírito profundamente curioso e um observador extraordinário: interessa-se tanto pela biologia quanto pela física, tanto pelo movimento dos astros quanto pela organização da vida política, tanto pela lógica quanto pela gramática, tanto pela educação quanto pelas artes. Ele escreve uma das obras mais completas sobre a questão da felicidade: a *Ética a Nicômaco*, dedicada ao próprio filho. Ele define que "a felicidade é o único fim que almejamos sempre por si mesmo, e nunca por outro fim".[2] A felicidade para ele seria o "bem soberano". Podemos querer dinheiro pelo conforto, o poder para sermos reconhecidos, enquanto a felicidade é um fim em si mesmo. Toda a questão trata de sua natureza: o que nos torna total e duravelmente felizes?

É principalmente por meio da reflexão sobre o prazer que se elabora a noção da felicidade entre os filósofos gregos. Uma vida feliz é inicialmente e antes de tudo uma vida que oferece prazer. O prazer é uma emoção agradável ligada à satisfação de uma necessidade ou de um desejo. Sinto prazer em beber porque mato minha sede, prazer em dormir se estou cansado, prazer em aprender porque sou ávido por conhecimento, prazer em adquirir um objeto que cobiço etc. A busca pelo prazer é inata ao ser humano, e não é exagero afirmar que é o principal motor de suas ações. Emocionar-se é mover-se: porque sentimos (ou esperamos sentir) emoções agradáveis, somos motivados a agir. O prazer exerce um papel essencial em nossa vida biológica, afetiva e intelectual. Desde Darwin, os biólogos ressaltam a importância da característica adaptável do prazer: os mecanismos que estão ligados a ele teriam sido selecionados e conservados pelo fato de seu papel central na evolução. Do mesmo modo que para Freud, "é o programa do princípio do prazer que fixa a finalidade da vida".[3]

Muitos dos prazeres da existência não exigem esforço algum: degustar um sorvete, satisfazer a um impulso sexual, ficar mergulhado em uma boa série televisiva. Outros exigem mais: dominar uma arte, praticar este ou aquele esporte em bom nível, entre outras coisas. Se todos os prazeres variam em intensidade e em importância, todos são sempre efêmeros. Se não o alimentamos continuamente por meio de solicitações externas, o prazer se esgota à medida que o gozamos. Uma boa refeição certamente oferece um grande prazer, mas este diminui à medida que nosso estômago se enche e, quando nos saciamos, os alimentos mais refinados nos deixam indiferentes. Se algumas circunstâncias (falta de dinheiro, doença, perda da liberdade) nos afastam dessa busca insaciada do prazer, sentimo-nos ainda mais infelizes, como em "privação". O prazer, enfim, não tem nada a ver com a moral: o tirano e o perverso sentem prazer em torturar, em matar, em fazer os outros sofrerem.

Porque ele é fugaz, porque tem uma incessante necessidade de ser alimentado, porque é moralmente indefinido, o prazer não pode ser o único guia de uma vida. É provável que já tenhamos a comprovação de que a busca exclusiva de prazeres fáceis e imediatos nos traz desilusões, que a procura do divertimento e dos prazeres sensoriais não nos dispensa nunca uma plena e inteira satisfação. Por isso, filósofos da Antiguidade — tal como Espeusipo, sobrinho e sucessor de Platão na Academia — condenaram a procura do prazer, e alguns cínicos pensavam que o único remédio para o sofrimento era recusar-se a qualquer prazer: já que este pode nos confundir e nos tornar infelizes, evitemos seguir nossa inclinação natural e buscá-lo a qualquer preço.

Aristóteles refuta radicalmente tal concepção, sublinhando de início que apenas os prazeres sensoriais são visados por essa crítica:

> Os prazeres corporais monopolizaram a herança do nome prazer, porque é para eles que dirigimos mais frequentemente nossa ação, e porque eles são a parte de todos nós; e assim,

pelo fato de que eles são os únicos que nos são familiares, acreditamos que são os únicos que existem.[4]

Ora, existem muitos outros prazeres que não os do corpo: o amor e a amizade, o conhecimento, a contemplação, o fato de nos mostrarmos justos e compassivos etc. Retomando o adágio de Heráclito, segundo o qual "um asno preferirá a palha ao ouro", Aristóteles lembra que o prazer é função da natureza de cada um, e ele é levado a se questionar sobre a especificidade da natureza humana. O ser humano é o único ser vivo dotado de um *noos*, palavra grega que geralmente se traduz para "intelecto", mas que prefiro traduzir para "espírito", pois, para Aristóteles, ele significa não simplesmente a inteligência ou a razão no sentido moderno do termo, mas *o princípio divino* que se encontra em todo ser humano. Aristóteles conclui que o maior prazer para o homem reside, portanto, na experiência da contemplação, fonte da mais perfeita felicidade:

> Já que o espírito é um atributo divino, uma existência em conformidade com o espírito será, em relação à vida humana, verdadeiramente divina. Não se deve, portanto, escutar aqueles que aconselham o homem, a pretexto de que ele é homem, a não sonhar com as coisas humanas, e, a pretexto de que ele é mortal, a limitar-se às coisas mortais. Façamos, ao contrário, todo o possível para nos tornar imortais e para viver conforme a parte mais excelente de nós mesmos, pois o princípio divino, por mais fraco que seja por suas dimensões, é muito superior a qualquer outra coisa por sua potência e valor. [...] O próprio do homem é, pois, a vida do espírito, já que o espírito constitui essencialmente o homem. Semelhante vida é também perfeitamente feliz.[5]

Aristóteles ressalta vigorosamente que a *busca da felicidade constitui sempre uma busca do prazer*, mas se os prazeres da alma são os que mais contribuem para a felicidade, ele, todavia, explica com realismo que "o sábio também necessitará da prosperidade externa, já que ele é um homem: pois a natureza humana não se basta plenamente pelo exercício da contemplação. É preciso também que o corpo goze de boa saúde, que receba alimento e todos os outros cuidados".[6] O segredo de uma vida feliz não reside, portanto, na busca cega de todos os prazeres da existência, nem tampouco no fato de renunciar a eles, mas na procura do máximo de prazer com o máximo de razão. Porque é esta que permite ordenar os prazeres e levar uma existência virtuosa, fonte de felicidade, a virtude sendo aqui definida como um "meio--termo justo" entre dois extremos, e distinta (exatamente como seu oposto, o vício) de um apetite natural. A virtude se adquire por intermédio da razão e se fortifica pela prática (é realizando atos de coragem que nos tornamos verdadeiramente corajosos). Aristóteles afirma então que "a felicidade é uma atividade da alma conforme a virtude".[7] O que faz a grandeza e também a felicidade do ser humano é que ele pode, por sua razão, tornar--se virtuoso, e, por sua atividade voluntária, cultivar diferentes virtudes: coragem, moderação, liberalidade, magnanimidade, doçura, humor, justiça etc.

Alguns decênios mais tarde, outro filósofo ateniense, Epicuro, formula uma ética da felicidade baseada no prazer. Contrariamente ao seu antecessor, ele não acredita num princípio divino presente no ser humano. Em 306 a.C., com 35 anos de idade, Epicuro também cria uma escola: o Jardim. A maioria de seus escritos se perdeu, mas felizmente foi conservada uma longa carta destinada a certo Meneceu, na qual ele expõe os principais aspectos de sua filosofia sobre a questão da felicidade.

Epicuro ressalta a necessidade de eliminar todos os temores inúteis, começando pelos dois mais importantes: o dos deuses e o da morte. Ele não nega a existência dos primeiros (provavelmente por prudência política, pois sua concepção materialista do mundo torna pouco plausível a existência de divindades), mas os mantém à distância, explicando que a experiência mostra que eles não exercem nenhuma influência sobre a vida humana. De nada adianta, portanto, rezar para eles e temê-los, oferecendo-lhes todo tipo de presentes e sacrifícios. Também é necessário livrar-se da ideia da imortalidade da alma que inspira medo de possível castigo post mortem. Epicuro toma emprestado de Demócrito sua concepção materialista de um real inteiramente composto de átomos indivisíveis, abordagem que confirma sua própria visão ética. O ser humano, corpo e alma, é para ele um aglomerado de átomos que se dissolvem com a morte. Epicuro explica que o medo de morrer se origina puramente da imaginação, pois enquanto vivemos não temos nenhuma experiência da morte, e quando morrermos não haverá mais consciência individual para sentirmos a dissolução de nossa alma e dos átomos de que é feito nosso corpo.

Rejeitados esses dois grandes temores metafísicos, Epicuro analisa a questão do prazer que permite alcançar a felicidade. Partindo da constatação de que nossa infelicidade resulta essencialmente de nossa permanente insatisfação, a filosofia opera de início uma distinção entre três tipos de desejos: os naturais e necessários (comer, beber, vestir-se, ter um teto...); os naturais e não necessários (cozinha refinada, beleza das roupas, conforto da moradia...); os que não são nem naturais, nem necessários (poder, honra, grande luxo...). Em seguida, ele explica que basta satisfazer aos primeiros para ser feliz; os segundos podem se buscados, embora fosse melhor renunciar a eles; enquanto os terceiros devem ser evitados. E Epicuro se entusiasma: "Graças sejam dadas à bendita Natureza que fez com que as coisas necessárias sejam fáceis de ser conquistadas, e as coisas difíceis de conquistar não sejam necessárias!".[8] Trata-se exatamente daquilo que o camponês filósofo Pierre Rahbi chama atualmente de "sobriedade feliz".

Temos em geral uma imagem deturpada da sabedoria epicurista. Para muitos, o qualificativo "epicurista" implica a ideia de uma vida fundada na busca dos prazeres sensoriais, os mais numerosos e intensos possível. Essa percepção é muito antiga, pois no tempo mesmo de Epicuro seus adversários, invejosos de seu sucesso, tentaram desacreditá-lo, espalhando o boato de que seu Jardim era um lugar de gozo e luxúria. O que era malvisto na Antiguidade tornou-se fonte de sedução para muitos de nossos contemporâneos, mas o mal-entendido permanece. De fato, Epicuro concebeu seu Jardim (lugar belo e pacífico) como um lugar de encontros amigáveis onde era bom se reunir e filosofar num ambiente descontraído, alegre, e ainda ouvir música ou degustar pratos simples, sempre com moderação. Aos olhos de Epicuro, de fato, para ser feliz é imperativo ao mesmo tempo renunciar a determinados prazeres e limitar aqueles que nos permitimos: "O prazer é princípio e fim de uma vida bem-aventurada", diz ele. "Por esse motivo também não escolhemos qualquer prazer. Acontece-nos de pôr de lado muitos prazeres quando eles acarretam, para nós, mais contrariedades."[9]

O filósofo prega uma ética da *moderação*: é melhor um regime simples do que abundância de alimentos; é preciso fugir do desregramento e da busca do gozo para procurar em tudo a saúde do corpo e a paz da alma. A virtude suprema do pensamento epicurista é a prudência (*phronêsis*, em grego) que permite um justo discernimento dos prazeres e dos sofrimentos. "Todo prazer, porque tem uma natureza que nos é apropriada, é um bem; contudo, nem todo prazer é para ser escolhido. Do mesmo modo, todo sofrimento é um mal, mas nem todo sofrimento é, por natureza, rejeitável."[10] A felicidade epicurista se concretiza no que se chama de "ataraxia", que significa "quietude absoluta da alma". Esse estado se obtém pela supressão dos temores imaginários e supersticiosos, por nossa capacidade de nos satisfazermos com nossas necessidades fundamentais, e pela qualidade de nossos prazeres — a amizade sendo, sem dúvida, a mais importante.

Apesar de suas divergências metafísicas, o que tanto Aristóteles quanto Epicuro pregam é a *qualidade* e o justo *equilíbrio* dos prazeres. Todos os excessos devem ser evitados: tanto o ascetismo quanto o desregramento. Trata-se de bem alimentar e manter nosso corpo e nosso espírito conforme o adágio de Juvenal: "Um espírito são em um corpo são".[11] Esse equilíbrio passa por exercícios físicos diários que permitem conservar o corpo em boa saúde, dando-lhe, ao mesmo tempo, prazer. Por uma alimentação saborosa e equilibrada: privilegiar a qualidade em detrimento da quantidade. Por uma atenção à respiração: as escolas de sabedoria da Antiguidade sugeriam aos alunos exercícios psicofísicos cujos detalhes perdemos, mas que deviam se assemelhar aos exercícios asiáticos como a ioga, o tai chi, ou então algumas artes marciais, e que constituem hoje preciosos aliados para melhor habitarmos nosso corpo, sermos mais atentos às nossas percepções sensoriais, encontrar prazer na respiração, no movimento, na tensão e na distensão musculares. O filósofo Arthur Schopenhauer, de quem falarei adiante, afirmava que "pelo menos nove décimos de nossa felicidade repousam exclusivamente na saúde. [...] um mendigo com saúde é mais feliz que um rei doente";[12] e ele recomendava pelo menos duas horas de exercício por dia, ao ar livre, considerando acertadamente que ficamos de bom humor assim que nos sentimos bem.

Observei ainda, de minha parte, como o contato com a natureza constitui uma experiência sensorial regeneradora. Quando podemos passear na floresta, mergulhar no mar ou num rio, fazer uma caminhada na montanha, atentos às sensações e ao prazer que oferece esse tipo de experiência, saímos dela transformados, pacificados, revigorados. Pois o prazer do corpo e a regeneração sensorial se transmitem ao espírito: nossas preocupações se dissipam, nossos pensamentos são mais nítidos e sensatos, nossa alma recupera a paz caso esteja perturbada. Victor Hugo disse-o bem nesses versos tirados de Les contemplations [As contemplações]:

> *Árvores da floresta, vós conheceis minha alma!*
> *Ao capricho dos invejosos, a multidão louva e acusa;*
> *Vós, sim, me conheceis! Sempre me vistes*
> *Sozinho nas profundezas, contemplando e sonhando.*
> *Conheceis a pedra para onde corre o escaravelho,*
> *Uma humilde gota d'água de flor em flor caída,*
> *Uma nuvem, um pássaro me ocupa todo um dia,*
> *A contemplação me enche o coração de amor [...].*

Quase todos nós já experimentamos deitar na grama de um jardim ou de um parque público depois de um dia cheio ou depois de uma semana de trabalho. Chegamos lá com o corpo contraído, o espírito preocupado. Nosso corpo relaxa e se regenera em contato com a terra, e nosso espírito colhe de imediato os frutos desse bem-estar: ele se esvazia, se pacifica, se purifica. Em razão da interação profunda entre corpo e espírito, o inverso é também verdadeiro: quando nosso espírito está sereno e alegre, o corpo se beneficia, e veremos adiante que é possível transformar emoções desagradáveis — como o medo, a tristeza ou a raiva — pela força do espírito.[13]

Tanto Aristóteles quanto Epicuro convergem assim a *hedonê* (busca do prazer) e a *eudaimonia* (procura da felicidade). A ligação estreita entre prazer e felicidade foi confirmada por numerosos estudos científicos contemporâneos que mostram que todas as experiências que nos oferecem prazer — passear, fazer amor, partilhar uma boa refeição com amigos, rezar ou meditar, rir, praticar uma arte ou um esporte — produzem um efeito de reequilíbrio das secreções hormonais e dos neurotransmissores do cérebro, o que favorece a estabilidade de nosso humor e nosso "bem-estar subjetivo".[14]

3. Dar sentido à vida

*Não há vento favorável para quem
não sabe a que porto se dirigir.*[1]

SÊNECA
(completado por Montaigne
com a metáfora marítima)

Ser feliz é aprender a escolher. Não apenas os prazeres apropriados, mas também seu caminho, sua profissão, seu modo de viver e de amar. Escolher os lazeres, os amigos, os valores nos quais basear sua vida. Viver bem é aprender a não responder a todas as solicitações, a hierarquizar suas prioridades. O exercício da razão permite estabelecer coerência em nossa vida em função dos valores e dos fins que buscamos. Preferimos satisfazer tal prazer ou renunciar a tal outro porque damos um *sentido* à nossa vida — e nas duas acepções do termo: damos a ele ao mesmo tempo uma direção e um significado.

O sentido de que falo aqui não é um sentido último, metafísico. Não acredito que possamos falar do "sentido da vida" de modo universal, válido para todos. Em geral, a procura do sentido se traduz concretamente por um engajamento na ação e nas relações afetivas. A construção de uma carreira profissional, por exemplo, exige a escolha de uma atividade que nos convenha, na qual possamos desabrochar, e o estabelecimento de um propósito, de objetivos a atingir. O mesmo acontece nas relações afetivas: se decidimos construir uma família e criar filhos, organizamos nossa vida em função dessa decisão, e nossa família dá sentido à nossa existência. Outros ainda dão sentido às suas vidas ajudando o próximo, lutando para reduzir as injustiças, dedicando tempo aos desfavorecidos ou aos que sofrem. Os conteúdos do "sentido" podem variar de um indivíduo para o outro, mas, de todo modo, todos nós constatamos que é necessário, para construir a vida, orientá-la, determinar-lhe um propósito, uma direção, dar-lhe um significado.

Essa dimensão aparece explicitamente na maioria das pesquisas contemporâneas sobre a felicidade, na forma de uma pergunta do tipo: "Você encontrou um sentido positivo para a sua vida?". Do mesmo modo que o prazer, o sentido aparece como essencial à felicidade. Os sociólogos colocam esses dois fatores — prazer e sentido — entre os primeiros motivos exigidos para o "bem-estar subjetivo". Eles também observaram que o índice de prazer e o sentido que damos à vida tendem a convergir no mesmo indivíduo feliz: se uma pessoa se define como alguém que sente muito prazer, ela considerará também ter encontrado um sentido positivo para a sua vida.[2]

Essa ligação, que os filósofos da Antiguidade compreenderam bem e que as pesquisas científicas contemporâneas confirmam, os psicólogos do século XX tendiam antes a dissociar. Freud, já vimos, mostrou que o ser humano é fundamentalmente movido pela necessidade do prazer, mas a questão do sentido não lhe interessava. Viktor Frankl — sobrevivente dos campos de concentração, e cujo pensamento se construiu a partir dessa terrível experiência — lhe respondeu, defendendo uma tese diametralmente oposta: o ser humano é fundamentalmente movido pela busca de sentido. Longe de se contradizerem, as duas teorias são verdadeiras: a natureza mesma do ser humano o impele a procurar tanto o prazer quanto o sentido. Ele só é feliz quando sua vida lhe é agradável e se reveste de significado.

Que alcancemos ou não seus propósitos não é, aliás, essencial. Não vamos esperar ter alcançado todos os nossos objetivos para começarmos a ser felizes. O caminho é mais importante que o fim: a felicidade vem durante a caminhada. Mas a viagem nos torna ainda mais felizes se sentimos prazer em progredir, se o destino para o qual nos encaminhamos é identificado (cessa de mudar durante a caminhada) e se ele responde às mais profundas aspirações de nosso ser.

4. Voltaire e o imbecil feliz

> *Eu disse cem vezes a mim mesmo que eu seria feliz se fosse tão tolo quanto minha vizinha, contudo, eu não desejaria tal felicidade.*[1]
>
> VOLTAIRE

Precisamos ser sábios e lúcidos para sermos felizes? Ou então, ao contrário, o conhecimento e a lucidez não constituiriam obstáculos à felicidade, notadamente na medida em que o indivíduo dotado de conhecimento e aspirações mais elevadas também terá uma concepção mais exigente e terá mais consciência de suas imperfeições do que um ser com aspirações limitadas?

Voltaire fez essas perguntas lançando mão de um pequeno conto.[2] É a história de um sábio indiano, muito lúcido e douto, que é infeliz porque não consegue encontrar respostas satisfatórias para as perguntas metafísicas que se faz continuamente. Ao lado dele vive uma beata inculta que "nunca havia refletido um só momento sobre qualquer um dos pontos que atormentavam o brâmane", que parecia a mais feliz das mulheres. À pergunta:

"Você não se envergonha de ser infeliz ao mesmo tempo em que diante de sua porta vive uma velha que não pensa em nada e vive contente?", o sábio responde: "Você tem razão, eu disse cem vezes a mim mesmo que eu seria feliz se fosse tão tolo quanto minha vizinha, contudo, eu não desejaria tal felicidade".

O problema do "imbecil feliz", de fato, é que ele nada em felicidade enquanto permanece ignorante, ou enquanto a vida não o maltrata. Mas, assim que refletimos um pouco sobre a vida, ou que esta não responde mais às nossas aspirações e necessidades imediatas, perdemos a felicidade baseada apenas nas sensações e na ausência de distância reflexiva. Além disso, negar o pensamento, o conhecimento, a reflexão, é banir uma parte essencial de nossa humanidade, e nós não podemos mais nos satisfazer, logo que tomamos consciência, com uma felicidade fundada no erro, na ilusão, na ausência total de lucidez. André Comte-Sponville sublinha com justeza que "a sabedoria indica uma direção: a do máximo de felicidade no máximo de lucidez". E ele lembra que se a felicidade é o *propósito* da filosofia, ela não é a *norma*.[3] A norma da filosofia é a verdade. Mesmo que persiga a felicidade, aquele que usa de sua razão preferirá sempre uma ideia verdadeira que o faz infeliz a uma falsa, mesmo que agradável. "Se damos importância à felicidade, fazemos mais caso ainda da razão", conclui igualmente Voltaire em seu conto.

Este é um dos traços importantes que ainda não citamos: a felicidade ilusória que não nos interessa. A razão nos permite fundar a felicidade na *verdade*, não numa ilusão ou numa mentira. Certamente podemos nos sentir muito bem numa situação ilusória ou distorcida. Mas esse bem-estar é precário. A felicidade de assistir a uma bela vitória de montanha numa etapa do Tour de France se transforma em amargor a partir do momento em que descobrimos que o vencedor estava dopado! Tomemos também o exemplo de uma mulher que se apaixona por um homem casado, o qual se apresentou a ela como solteiro: a felicidade dessa mulher ruirá assim que a verdade explodir. Por outro lado, quem desejaria viver na pele de um louco mesmo que este tenha a impressão de ser o mais feliz dos homens? É pela obra da razão, pelo exercício do discernimento crítico, pelo conhecimento de si que aprendemos a fundamentar nossa vida na verdade.

Se tivesse que dar uma definição muito sintética que retomasse todas as características que acabamos de evocar ao longo desses primeiros capítulos, eu diria que *a felicidade é a consciência de um estado de satisfação global e durável numa existência significativa, fundamentada na verdade*. Evidentemente, os conteúdos de satisfação variam conforme os indivíduos, sua sensibilidade, suas aspirações, a fase que atravessam em suas vidas. Sem ocultar o caráter imprevisível e frágil da felicidade, o fim da sabedoria é tentar torná-la o mais profunda e permanente possível, para além dos acasos da vida, dos acontecimentos exteriores, das emoções agradáveis ou desagradáveis do cotidiano.

Todos os seres humanos aspirariam, contudo, à felicidade?

5. Todo ser humano deseja ser feliz?

É impossível ser feliz sem querer; é preciso, portanto, desejar a felicidade, e construí-la.[1]

ALAIN

Muitas vezes se afirmou que a aspiração à felicidade é o que há de mais universal. Santo Agostinho escreveu que "o desejo de felicidade é essencial ao homem; ele é o motor de todos os nossos atos. A coisa mais venerável no mundo, a mais ouvida, a mais explicada, a mais constante, não é apenas que queremos ser felizes, mas que queremos ser apenas isso. É a isso que nos força a natureza".[2] Blaise Pascal reforça o coro: "É o motivo de todas as ações de todos os homens, até daqueles que vão se perder".[3] Essa aspiração é também apontada em outros universos culturais. Assim o monge budista francês Matthieu Ricard lembra em seu belo *Felicidade: a prática do bem-estar*, que a "aspiração primeira, aquela que sustenta todas as outras, é o desejo de uma satisfação bastante poderosa para alimentar o gosto de viver. É o desejo:

'Possa cada instante de minha vida e a dos outros ser um instante de alegria e de paz interior'".[4] Para Platão, isso parecia de tal forma evidente que ele se perguntava se a questão merecia mesmo ser formulada: "Quem, de fato, não deseja ser feliz?".[5]

Parece-me, contudo, necessário fazer aqui dois importantes esclarecimentos. A princípio, a aspiração natural à felicidade não significa que ela seja buscada por todos. Pode-se *aspirar* à felicidade de modo natural e quase inconsciente, sem necessariamente *buscá--la de modo consciente e ativo*. Muitos são os que não se perguntam explicitamente sobre a procura do prazer ou a realização de suas aspirações. Eles não dizem: "Vou fazer isto ou aquilo para ser feliz", mas aspiram a encontrar satisfações concretas. A soma e a qualidade dessas satisfações os tornarão mais ou menos felizes. Por outro lado, pode-se também aspirar à felicidade sem o *querer*, de duas maneiras: primeiramente, não pondo em prática os meios necessários para ascender à felicidade (aspira-se a ser feliz, mas não se faz nada, ou não muito, para consegui-lo); em seguida, e em especial, pode-se deliberada e conscientemente renunciar à felicidade. Pois ela não é considerada por todos o valor supremo. Um valor não é o fruto de uma necessidade natural, mas sim uma construção racional; cada um é livre para colocar outro valor acima desse, decidido a sacrificar em parte o segundo ao primeiro, quer se trate de justiça ou de liberdade, por exemplo. Cada um também é livre para não querer a felicidade e preferir uma vida irregular, alternando momentos felizes e fases de sofrimento ou de *spleen*. Voltemos a esses diferentes pontos.

Vimos com Aristóteles e Epicuro que uma felicidade profunda não pode ser obtida sem que se renuncie a alguns prazeres imediatos, nem sem que se desenvolva uma reflexão sobre nossas escolhas e objetivos. Em outras palavras, a busca de uma felicidade mais completa exige de nós inteligência e vontade. Vamos estabelecer propósitos passíveis de nos tornar mais felizes e vamos escolher os meios necessários para consegui-lo.

Um apaixonado por música, que sonha fazer dela sua profissão, dedicará várias horas por dia à aprendizagem de um instrumento; ele empenhará os esforços necessários para alcançar um excelente domínio deste, em detrimento do lazer e de alguns prazeres. Quanto mais progredir, mais prazer sentirá em tocar e poderá almejar uma carreira de musicista. Será feliz por ter realizado sua mais profunda aspiração, mas terá pagado um preço por suas escolhas, seu engajamento, sua perseverança no trabalho. Outro indivíduo pode alimentar o mesmo sonho, mas não organizar a vida em função de tal propósito e continuar a tocar como um diletante. Repetirá por anos a fio para seus próximos que sente ter uma "alma de musicista", que ele gostaria de viver sua paixão, mas, por falta de perseverança e esforços, não conseguirá jamais e se sentirá frustrado com isso. Não será verdadeiramente feliz, mesmo que sinta prazer todas as vezes que tocar seu instrumento. Como sublinha o filósofo Alain, "é impossível ser feliz sem querer; é preciso, portanto, desejar a felicidade e construí-la".[6]

Outros podem passar ao largo da felicidade, tomando uma direção errada. Ignorando que a felicidade reside no controle e na hierarquia dos prazeres, alguns se absorvem numa busca incessante e perpetuamente insatisfeita de prazeres imediatos. Outros não compreenderam que devem realizar um trabalho sobre si mesmos para progredir. É o caso do adolescente infeliz que sofre por não ter "namorada" e que não faz nada para vencer sua inibição.

Outros ainda procuram a felicidade unicamente pela intensidade do prazer sensível. Eles se concentram num prazer adaptado a seus gostos, mas como ele é efêmero, procuram viver o mais intensamente possível, submetendo-se a sensações extremas graças ao esporte, à música, à droga, ao álcool ou ao sexo. Têm necessidade de avançar na sensação, às vezes a ponto de se destruir e pôr a vida em risco. Mais comumente, fugimos dos momentos de inação que nos levam a nós mesmos, para nos esquecermos numa hiperatividade permanente, preenchendo artificialmente o vazio de nossa vida interior.

Existem assim mil e uma maneiras de aspirar à felicidade sem a querer verdadeiramente, sem pôr em prática os meios necessários para aceder a ela.

Podemos também renunciar a buscar conscientemente a felicidade *enquanto tal* porque ela nos dá a impressão de ser tão caprichosa, tão aleatória, que parece inútil nos esgotar em procurá-la. É melhor, pensamos então, nos esforçarmos por obter o que amamos concretamente. Podemos agir assim, respeitando certa ética epicurista da moderação, do mesmo modo que, ao contrário, podemos escolher viver "intensamente", decidindo, por exemplo, beber e fumar em detrimento da saúde, atirarmo-nos a paixões devastadoras, vivendo ao sabor dos humores do momento, dispostos a conhecer ininterruptamente altos e baixos, uma alternância de felicidades fugazes e de acessos de melancolia.

6. A felicidade não é deste mundo: Sócrates, Jesus, Kant

Bem-aventurados vós, que agora chorais, porque haveis de rir![1]

JESUS

De modo totalmente diferente, podemos renunciar à busca voluntária da felicidade, colocando um *valor ético* acima dela — a liberdade, o amor, a justiça —, ou ainda uma moral, ou seja, regras de comportamento íntegro. É o caso do grande filósofo alemão das Luzes, Immanuel Kant, para quem a felicidade não deve ser procurada enquanto tal, mas deve resultar de uma moral: "Faça o que o torne digno de ser feliz". O mais importante é manter uma linha de conduta correta, conforme a razão, cumprir seu dever. O homem de consciência tranquila pode se considerar relativamente feliz, quaisquer que sejam as dificuldades que encontre, pois ele sabe como agir de modo justo.

De fato, as pesquisas contemporâneas mostram que a consciência de levar uma vida moral ou religiosa marcada pelo corretismo é um sinal importante de felicidade. Aliás, ao que parece, Kant foi bastante feliz ao levar uma existência sóbria, virtuosa, organizada, que causou o desespero dos biógrafos ávidos de histórias e de detalhes picantes. Tendo permanecido celibatário, ele quase não saiu de sua cidade natal, Königsberg, onde foi por muito tempo preceptor antes de ensinar na universidade. Paradoxalmente, ele explicita, por outro lado, que é um *dever* para o homem ser tão feliz quanto possível, pois isso evita que ele sucumba à "tentação de infringir seus deveres".[2] Ele inverte, assim, a problemática grega segundo a qual a ética está a serviço da felicidade: para ele, é a felicidade que está a serviço da moral! A seus olhos, de fato, a felicidade plena e completa não existe na terra: é apenas um "ideal da imaginação".[3] Conclui daí que só podemos sensatamente esperar alcançar a felicidade verdadeira após a morte (beatitude eterna), como recompensa concedida por Deus àqueles que souberam levar uma existência moral justa. Nesse aspecto, ele concorda com a doutrina de numerosas religiões conforme as quais uma felicidade profunda, estável e durável só pode existir no além, e será determinada pela qualidade da vida religiosa e moral levada aqui embaixo.

Essa crença já existia na Grécia Antiga: lá, prometia-se a vida bem-aventurada nos Campos Elísios aos heróis e aos homens virtuosos. Ela também se expandiu no Egito e no judaísmo tardio antes de ter tido um crescimento considerável com o cristianismo e o islã. Ao ideal de sabedoria prefere-se, então, o da santidade. Enquanto o sábio aspira antes de tudo à felicidade na terra, o santo aspira acima de tudo à felicidade no além, junto ao seu Criador.

O fim da vida de Jesus fornece uma boa explicação para isso: porque aspira, como todo ser humano, à felicidade, ele não tem vontade alguma de sofrer, nem de se deixar prender pelos guardas dos grandes sacerdotes, para ser entregue a Pôncio Pilatos e condenado à morte. Daí a impressionante cena de angústia, no monte das Oliveiras, algumas horas antes de sua prisão, descrita pelo evangelista Mateus: "Levando Pedro e os dois filhos de Zebedeu, começou a entristecer-se e a angustiar-se. Disse-lhes, então: 'Minha alma está triste até a morte. Permanecei aqui e vigiai comigo'. E, indo um pouco adiante, prostrou-se com o rosto em terra e orou: 'Meu Pai, se é possível, que passe de mim este cálice: contudo, não seja como eu quero, mas como tu queres'".[4] Apesar da angústia, Jesus aceita fazer livremente a entrega de sua vida, pois ele pretende ser fiel à voz da verdade que o guia (a daquele que chama de "Pai"), em vez de se salvar e fugir como seus discípulos lhe sugeriram. Ele sacrificou sua felicidade terrena por fidelidade à verdade e a uma mensagem de amor que entra em contradição com o legalismo religioso que coloca a rigidez da lei acima de tudo.

O fim de Sócrates é bastante similar ao de Jesus pelo fato de que ele também se recusa a fugir, bebe cicuta, veneno letal, e obedece aos juízes que o condenaram à pena capital. Julgamento injusto no caso, mas Sócrates não quer desobedecer às leis da cidade, considerando que todo cidadão deve se submeter a elas. Em nome de seus próprios valores, ele renuncia, pois, à felicidade e à vida. Sócrates, que sob certos aspectos se parece mais com um santo do que com um sábio, desconfia, aliás, da palavra "felicidade". Segundo Platão, ele prefere falar de busca de uma vida "boa", fundada racionalmente em valores como o bem, o belo, o justo, em vez da procura de uma vida "feliz" que corre o risco de acontecer em detrimento da justiça: um tirano, um egoísta, um covarde também não partem em busca da felicidade?

Se Jesus ou Sócrates sacrificaram a vida em nome de uma verdade ou de valores mais elevados do que a felicidade terrena, eles acreditavam e aspiravam a uma felicidade suprema após a morte. Jesus estava convicto de que se ergueria da morte para conhecer no além a felicidade eterna junto de Deus. O Apocalipse, último livro da Bíblia cristã, assim descreve a "Jerusalém celeste", metáfora da vida eterna: "Eis a tenda de Deus com os homens. [...] Ele enxugará toda lágrima de seus olhos, pois nunca mais haverá morte, nem luto, nem clamor, e nem dor haverá mais. Sim! As coisas antigas se foram!".[5] Sócrates estava igualmente convencido de que no além existia, para os homens justos, um lugar de felicidade ao qual ele aspirava.[6] A busca de ambos foi, em resumo, por uma felicidade *adiada*.

Nem sempre é o caso. Encontramos homens que não creem de forma alguma em uma vida após a morte e que estão dispostos a sacrificar suas vidas em nome de um ideal superior à felicidade. Quantos assim renunciaram a ela para lutar contra a opressão ou a injustiça? Quando ele se coloca diante de um tanque, na praça Tiananmen, em junho de 1989, o jovem estudante chinês que se arrisca a morrer fez da luta contra a ditadura o valor supremo e espera apenas que seu gesto sirva para impulsionar a causa da liberdade. O mesmo aconteceu com Nelson Mandela na África do Sul, bem como com todos os que arriscaram ou sacrificaram suas vidas — e continuam a fazê-lo — por uma causa que consideram superar e valer mais que sua felicidade individual.

Eis o que nos provoca duplamente: até que ponto esses atos heroicos, na medida em que respondem às aspirações mais profundas dos indivíduos em questão, não lhes proporcionam certa felicidade? Ao mesmo tempo que sofrem por perder a vida, Sócrates e Jesus não estão também felizes por oferecê-la a uma nobre causa e, ao fazê-lo, não agem em conformidade com sua natureza profunda?

7. Da arte de ser você mesmo

A maior felicidade é a personalidade.[1]

GOETHE

Na qualidade de implacável observador da natureza humana, escrutando a força profunda que incita cada um a se conformar com sua natureza, Gustave Flaubert descreve o núcleo do egoísmo que sustenta a procura de nossas aspirações e a realização de nossas ações:

> Desde o cretino que não daria um centavo para resgatar o gênero humano até aquele que se joga no gelo para salvar um desconhecido, será que nós, tal como somos, não procuramos, seguindo nossos diversos instintos, a satisfação de nossa natureza? São Vicente de Paulo obedecia a um apetite para caridade, como Calígula a um apetite para crueldade. Cada um goza à sua maneira e para si apenas; uns, refletindo

a ação sobre si mesmos, fazendo de si a causa, o centro e o propósito; outros, convidando o mundo todo para o festim de suas almas. Nisso reside a diferença entre os pródigos e os avarentos. Os primeiros sentem prazer em dar, ou outros, em guardar.²

Ser feliz é antes de tudo satisfazer as necessidades e as aspirações de nosso ser: um silencioso procura a solidão; um falador, a companhia dos outros. Assim como os pássaros vivem no ar, e os peixes na água, cada um deve evoluir no ambiente que lhe convém. Alguns humanos são feitos para viver no ruído das cidades; outros, na calma do interior; outros precisam dos dois. Alguns são feitos para uma atividade manual; outros, intelectual; outros, relacional; outros, artística. Outros precisam formar uma família e aspiram a uma vida de casal duradoura; outros, a relações diversas ao longo de sua vida. Ninguém poderá ser feliz se quiser ir na contracorrente de sua natureza profunda.

A educação e a cultura são preciosas, pois elas nos introduzem a necessidade do limite, da lei, do respeito por outrem. É essencial não apenas aprender a se conhecer, mas também a experimentar nossas forças e nossas fraquezas, a corrigir e a melhorar em nós o que pode ser melhorado, mas sem procurar distorcer ou contrariar nosso ser profundo. Ora, a educação e a cultura podem, por vezes, nos impedir de desenvolver nossa sensibilidade, nos desviar de nossa vocação ou de nossas legítimas aspirações. É o motivo pelo qual devemos às vezes aprender a nos tornar nós mesmos para além dos esquemas culturais e educativos que podem ter nos desviado do que somos. É o que o psiquiatra suíço Carl Gustav Jung chama de "processo de individuação", que se realiza por volta dos quarenta anos, quando fazemos o primeiro balanço de nossa existência. Descobrimos, então, que não somos suficientemente nós mesmos, que procuramos agradar a uns e outros sem nos respeitar, querendo passar uma imagem ideal ou fictícia para ser amado ou reconhecido; que talvez tenhamos levado uma vida afetiva ou profissional que não estava em conformidade com o que somos. Procuramos, a partir daí, ter um melhor conhecimento de nossa individualidade e compreender melhor nossa sensibilidade.

"A maior felicidade é a personalidade", escreve Goethe.[3] Porque não são os acontecimentos que contam, mas o modo como cada um os sente. Desenvolver sua sensibilidade, fortalecer a personalidade, refinar os dons e gostos é mais importante do que os objetos exteriores que podem oferecer prazer. Podemos degustar o melhor vinho do mundo e não tirar disso o menor prazer se nossa natureza for alérgica ao vinho ou se não refinamos o bastante nosso paladar.

A felicidade consiste em viver segundo nossa natureza profunda, desenvolvendo nossa personalidade para nos permitir gozar a vida e o mundo com a mais rica sensibilidade possível. Uma criança pode ser extraordinariamente feliz com um único e rudimentar brinquedo se souber desenvolver sua imaginação e sua criatividade, enquanto outra se entediará com cem brinquedos sofisticados se somente souber tirar prazer de objetos novos.

8. Schopenhauer: A felicidade está em nossa sensibilidade

Nossa felicidade depende do que somos.[1]

ARTHUR SCHOPENHAUER

Contemporâneo de Flaubert, o filósofo alemão Arthur Schopenhauer retoma a ideia de Goethe e vai mesmo além, já que ele está convencido de que nossa natureza nos predispõe a ser felizes ou infelizes. Para ele, nossa sensibilidade (nossos genes, diríamos hoje) determina nossa aptidão para a felicidade ou infelicidade. A primeira condição necessária para sermos felizes seria... ter um temperamento feliz! Uma alegria de caráter, diz ele, que "determina a capacidade para os sofrimentos e as alegrias".[2] Platão já havia estabelecido uma distinção entre os temperamentos rabugentos (*duskolos*), que não se alegram com os acontecimentos que lhes são favoráveis e se irritam com os que lhes são desfavoráveis, e os temperamentos alegres (*ekolos*) que, ao contrário, se alegram com os acontecimentos favoráveis e não se irritam com os desfavoráveis. Diríamos hoje que há os que veem sempre o copo meio vazio e os que o veem sempre meio cheio.

"Nossa felicidade depende *do que somos*, de nossa individualidade, enquanto, em geral, consideramos apenas *o que temos*", prossegue Schopenhauer. E acrescenta com o humor áspero que o caracteriza: "O destino pode melhorar, e a frugalidade não exige muito dele; mas um tolo permanece tolo, e um grosseirão permanece grosseirão pela eternidade, mesmo que cercados de huris no paraíso".[3] A única coisa que nos resta a fazer é aprender a nos conhecer para levar uma existência em maior conformidade possível com nossa natureza. Para Schopenhauer, porém, não podemos mudar: por exemplo, um colérico continuará a se irritar; um medroso permanecerá medroso; um ansioso, ansioso; um otimista, otimista; do mesmo modo que um enfermo continuará enfermo; uma força da natureza continuará uma força da natureza. E o filósofo de Frankfurt distingue entre:

- o que somos: personalidade, força, beleza, inteligência, determinação...;
- o que temos: bens e posses;
- o que representamos: posição social, fama, glória.

Para a maioria das pessoas, os dois últimos pontos parecem os mais importantes: pensamos com frequência que a felicidade depende essencialmente de nossos bens e da importância de que nos revestimos aos olhos dos outros. Schopenhauer afirma que isso não é verdadeiro: insatisfação permanente, competição, rivalidade, vicissitudes, acasos do destino, entre outros, destruirão nossa felicidade se ela se baseia no *ter* e no *parecer*. Para ele, a felicidade reside, pois, fundamentalmente no *ser*, no que nós somos, em nosso contentamento interior, fruto do que sentimos, compreendemos, queremos: "O que alguém possui para si, o que o acompanha na solidão e que ninguém pode nem lhe dar, nem lhe tomar, eis o que é muito mais essencial do que tudo o que ele possui ou o que ele é aos olhos dos outros".[4]

Somente em parte concordo com essa visão. A experiência, de fato, mostra que a felicidade está intimamente ligada à nossa sensibilidade. Alguns indivíduos são muito mais inclinados que outros a ser felizes: porque têm boa saúde, porque são otimistas, de natureza alegre, porque veem espontaneamente o lado bom das coisas, porque têm uma estrutura afetiva ou emocional equilibrada, por exemplo. Concordo com a afirmação segundo a qual nossas disposições íntimas nos tornam felizes ou infelizes muito mais do que nossas posses e nossos sucessos podem fazê-lo. O que me permitiu ser mais feliz ao longo dos anos não foi tanto o sucesso social e material – mesmo que tenha contribuído para isso — quanto o *trabalho interior* que me permitiu melhorar, curar as feridas do passado, transformar ou superar crenças que me tornavam infeliz, e também me conceder o direito de me realizar plenamente nos planos pessoal e social, direito que me recusei por muito tempo. Em compensação, é nesse ponto que divirjo de Schopenhauer. Se tem razão em sublinhar que a felicidade provém essencialmente da sensibilidade e da personalidade, ele subestima grandemente o fato de que podemos, por meio de um trabalho sobre nós mesmos, agir exatamente sobre a sensibilidade para torná-la mais desabrochada e, por aí mesmo, conseguir realizar melhor nossas mais profundas aspirações.

Aliás, existe no filósofo uma curiosa contradição em postular um quase determinismo genético e em propor ao mesmo tempo regras de vida para um ser mais feliz! Sem dúvida porque ele foi bastante infeliz ao longo de sua vida, Schopenhauer espera da sabedoria mais do que ele acredita. Enfermo desde a infância, foi profundamente marcado pelo suicídio de seu pai, aos seus dezessete anos, e por toda a vida teria muitos sofrimentos e pesadas frustrações afetivas. Foi inicialmente uma paixão não correspondida por uma atriz que lhe causou uma imensa decepção. Durante a composição de sua obra-prima, *O mundo como vontade e representação*, ele manteve uma relação com uma camareira que deu à luz uma criança natimorta. Em seguida, teve que desistir de se casar com uma mulher que ficou gravemente doente. Mais tarde, apaixonou-se por uma cantora que não conseguia levar uma gravidez a termo. A partir daí desistiu de todo projeto de casamento, mas sua vida profissional também não lhe oferecera alegria. Apesar de todas as esperanças que depositou em seu livro, este passou totalmente despercebido e assim permaneceu por mais de trinta anos. Sua carreira universitária também lhe valeria cruéis decepções: seus cursos na universidade foram regularmente suspensos por falta de participantes. De tal forma que teve de renunciar, com profundo pesar, a ensinar. A partir daí, compreende-se sua visão pessimista da vida... sem necessariamente concordar com ela.

Tive a experiência inversa de que é possível, por meio de exercícios psicológicos e espirituais, modificar o olhar que lançamos sobre nós e o mundo. Penso, então, como Schopenhauer, que a felicidade e a infelicidade estão em nós, e que "no mesmo ambiente, cada um vive em outro mundo".[5] Ao contrário dele, estou convicto de que podemos modificar nosso mundo interior.

Milhares de estudos sociológicos sobre a felicidade vêm sendo publicados há trinta anos, principalmente nos Estados Unidos. Eles não dizem nada diferente do que acabamos de evocar. Podemos resumi-los com estas três conclusões:

- Existe uma predisposição genética para a felicidade ou para a infelicidade.
- As condições exteriores (situação geográfica, situação de vida, meio social, situação civil, riqueza ou pobreza) exercem a esse respeito uma fraca influência.
- Podemos ser mais ou menos felizes, modificando a percepção que temos de nós mesmos e da vida, modificando o olhar, os pensamentos, as crenças.

A professora Sonja Lyubomirsky, que dirige o Departamento de Psicologia da Universidade da Califórnia, em Riverside, afirma que, dependendo da sensibilidade do indivíduo (determinantes genéticos), estima-se em 50% as aptidões para a felicidade e que, dentro dessa percentagem, 10% resultam da sua vida e das condições exteriores e 40% resultam dos esforços pessoais feitos pela busca da felicidade.[6]

9. O dinheiro traz felicidade?

Jamais serás feliz enquanto fores torturado por um mais feliz.[1]

SÊNECA

Em um período de crise econômica em que cada vez mais pessoas sofrem com a precariedade, ou mesmo quando se ganha bem a própria vida, ainda sim hesitamos em escrever que o dinheiro não traz necessariamente a felicidade. Conhecemos a deliciosa frase de Jules Renard: "Se o dinheiro não traz felicidade, devolve-o!". Isso não impede que a maioria das pesquisas sociológicas realizadas pelo mundo tenda a demonstrar que o dinheiro não é um elemento determinante da felicidade dos indivíduos. Em 1974, o economista americano Richard Easterlin publicou um artigo célebre e perturbador no qual ele sublinha que embora a renda bruta por habitante tenha dado em seu país um salto extraordinário de 60% entre 1945 e 1970, a proporção de pessoas que se consideram "muito felizes" não tinha variado em nada (40%).

A alta notável da renda e as alterações nos modos de vida associadas ao crescimento do conforto material não tiveram impacto perceptível na satisfação dos indivíduos. Esse artigo provocou mal-estar nos meios econômicos, pois ele questionava uma das crenças mais firmes entre os americanos, segundo a qual a prosperidade econômica é uma das principais causas da felicidade, conforme a fórmula mágica do capitalismo liberal: elevação do PIB = crescimento do bem-estar individual e coletivo.

As estatísticas do Insee [Instituto Nacional de Estatística e Estudos Econômicos] revelam o mesmo fenômeno na França: entre 1975 e 2000, quando se observa um crescimento global do PIB superior a 60%, a proporção de pessoas que se declaram "razoavelmente satisfeitas ou muito satisfeitas" com a vida para de crescer em torno de 75%. As estatísticas são mais cruéis em alguns outros países europeus. Na Grã-Bretanha, por exemplo, quando a riqueza nacional quase triplicou em meio século, os indivíduos que se declaram "muito felizes" passaram de 52% em 1957 a 36% em 2005.

Outro modo de abordar a questão consiste em comparar o índice de satisfação com a vida nos países de níveis de riqueza muito díspares. Poderíamos imaginar que as pessoas são mais felizes nos países ricos do que nos países pobres ou considerados em desenvolvimento. Porém não é o que acontece: o índice de satisfação é quase o mesmo tanto nos Estados Unidos e na Suécia quanto no México ou em Gana, enquanto a renda per capita desses países diverge numa escala de um a dez.

As pesquisas revelam um outro fenômeno interessante: o papel determinante da comparação social na sensação de felicidade. Ou a aplicação sociológica do célebre dizer de Jules Renard: "Não basta ser feliz, ainda é necessário que os outros não o sejam!". O julgamento que fazemos sobre nossa própria situação é influenciado pela comparação com a das outras pessoas que vivem próximo ou em ambiente social próximo do nosso. Nossa felicidade se mostra relativa em relação à dos outros. "Ser pobre em Paris é ser pobre duas vezes", constatava Émile Zola. O pesquisador americano Michael Hagerty (Universidade da Califórnia, em Davis) mostrou que habitantes de comunidades com forte disparidade de rendas têm um índice de felicidade menor do que os habitantes de comunidades em que as rendas são bastante similares: a comparação com o alto da amostragem (aqueles que ganham mais) aumenta a insatisfação dos que ganham menos. Outro estudo, dessa vez realizado entre os estudantes, nos diz que a grande maioria deles (62%) se sentiria "mais feliz" em conseguir um primeiro emprego com salário de 33 mil dólares ao ano, sabendo que seus colegas de turma teriam obtido um posto que pagasse 30 mil dólares, do que um emprego que pagasse 35 mil dólares, sabendo que os outros ganhariam 38 mil![2]

Isso revela a nocividade da grande disparidade de rendas no seio de uma mesma sociedade, pela frustração que ela cria, e também como a "globalização midiática" pode ter um efeito negativo sobre a felicidade dos indivíduos que se sentem cada vez mais inclinados a comparar seus haveres com o dos outros, não apenas em seu ambiente próximo, mas também em escala planetária. Ora, como é impossível que todos se beneficiem do modo de vida dos mais ricos, a insatisfação maltrata os indivíduos que teriam podido se satisfazer com sua sorte sem essa comparação.

Isso mostra como é importante, para ser feliz, evitar comparar-se aos mais felizes ou aos mais prósperos que nós mesmos! O que o filósofo estoico Sêneca resumiu nesta bela fórmula: "Jamais serás feliz enquanto fores torturado pelos mais felizes".[3] Sêneca colocava o dinheiro entre as coisas ditas "preferíveis". Do mesmo modo que Aristóteles, ele pensava que era melhor dispor de bens em quantidade do que ser privado deles. Como a maioria dos filósofos da Antiguidade, porém, ele também considerava que uma grande abundância de bens não apenas não era necessária à felicidade, como também podia prejudicá-la por causa das preocupações inerentes à riqueza: medo de ser roubado, muito tempo dedicado à gestão dos bens, inveja de outrem. A fábula de La Fontaine, "O sapateiro e o financista", é uma perfeita ilustração disso. A cruel falta de dinheiro evidentemente pode entravar a felicidade, mobilizando todas as energias para atividades de sobrevivência, impedindo a realização das verdadeiras aspirações. Com certeza, um mínimo de dinheiro contribui para a felicidade, mas a busca incessante do enriquecimento é igualmente nefasta. Para não se tornar escravo do dinheiro, afirmam os sábios da Antiguidade, é preciso, a partir do momento em que necessidades fundamentais são satisfeitas, saber limitar os desejos materiais para conceder mais lugar à família, aos amigos, às paixões e à vida interior.

As pesquisas de opinião revelam a esse respeito um paradoxo muito interessante. Quando perguntamos: "Quais são as coisas que lhe parecem mais importantes para ser feliz?", o dinheiro e o conforto material não aparecem entre os principais fatores de satisfação. Em todos os continentes, as pessoas escolhem a família, a saúde, o trabalho, a amizade e a espiritualidade como pilares da felicidade. Notemos brevemente que o último ponto é muito fraco na França, enquanto é importante em numerosos países em que a fé religiosa é mais ancorada. Nos Estados Unidos, por exemplo, as pessoas que praticam uma religião são mais felizes e vivem em média sete anos a mais que as outras (menos álcool, droga, suicídios, depressões, divórcios). Agora, quando perguntamos: "Quais são as coisas que você gostaria de ter para ser mais feliz do que é hoje?", a maioria dos interrogados responde "dinheiro" (antes de saúde).

Por que temos a impressão de que o dinheiro nos permitiria ser mais felizes se ao mesmo tempo consideramos que ele é menos determinante que a família, a amizade ou a saúde, por exemplo? Um indivíduo rico, mas de saúde precária ou desprovido de laços afetivos, estaria certamente menos satisfeito com sua vida do que um indivíduo com renda modesta, boa saúde, feliz com seus relacionamentos. Vejo três explicações para isso.

A primeira é que aspiramos ao que não temos e colocamos naturalmente o crescimento de nosso bem-estar como aquilo que mais nos falta. A maioria das pessoas que responde às pesquisas de opinião tem em geral boa saúde e está talvez bastante satisfeita com sua vida afetiva e profissional. Mas elas consideram que seriam mais felizes se tivessem o que lhes falta cruelmente: dinheiro. E isso porque atravessamos a mais grave crise econômica do pós-guerra, ao mesmo tempo que vivemos em um universo que não deixa de incitar o desejo de posse. A martelação publicitária e o espetáculo da riqueza de outrem acabam por estimular nossos apetites materiais, e a necessidade de dinheiro mostra-se maior. Alguns estudos recentes, que precisam ser confirmados, apontam, aliás, pela primeira vez, um laço entre a felicidade e o crescimento econômico.[4] Mesmo se dispomos de um teto e do que comer, podemos sofrer por não (ou não mais) viajar de férias, ou não ter mais os meios de comprar um tablet. Jean-Jacques Rousseau já observava, em meados do século XVIII, que nos habituamos rapidamente ao conforto permitido pelo progresso técnico. O que no início eram simples *comodidades*, se tornam rapidamente *necessidades*, e nos tornamos "infelizes por perdê-las, sem sermos felizes por tê-las".[5] O que diria ele hoje, quando viver sem carro, sem televisão, sem computador ou telefone celular parece impensável à imensa maioria dos que já adquiriram tais objetos?

A segunda razão do paradoxo citado acima é que atravessamos um período de grande incerteza. Somos muito mais "inseguros" que nossos pais, que conheceram na França os Trinta Gloriosos:* ninguém, ou quase, está hoje livre do desemprego e de uma maior ou menor precariedade. A necessidade de dinheiro se faz sentir não apenas entre alguns para conseguir chegar ao fim do mês, mas também entre outros que desejam ter uma margem de segurança diante de um futuro incerto e de ansiedade.

Finalmente, o dinheiro representa muito mais que a simples aquisição de bens materiais. Ele também nos permite saciar nossas paixões, viajar, viver de modo mais autônomo. São excelentes razões para desejá-lo não como um fim em si mesmo, mas como um meio de nos facilitar a existência e, além disso, nos ajudar por vezes a realizar nossas aspirações profundas.

---

* Período correspondente aos trinta seguintes e prósperos anos à Segunda Guerra Mundial. (N. E.)

10. O cérebro das emoções

Aquele que muda seu cérebro muda sua vida.[1]

RICK HANSON

O século XX foi palco de fabulosas descobertas científicas tanto no domínio do infinitamente grande (astrofísica), quanto no do infinitamente pequeno (física quântica), ou ainda nas ciências da vida. Restava, contudo, um continente quase inexplorado: o cérebro humano. Há uns trinta anos ele é objeto de numerosos estudos, e o século XXI será certamente o da descoberta dos segredos de sua complexidade, ou mesmo, muito provavelmente, o de uma melhor compreensão do funcionamento de nosso espírito e de suas interações com o corpo.

As primeiras pesquisas já permitiram revelar uma extraordinária química do cérebro que influencia diretamente nosso bem-estar. Descobrimos assim que algumas moléculas produzidas pelo encéfalo exercem importante papel em nosso equilíbrio emocional. Mais de sessenta neurotransmissores (ou neuromediadores) ocupam o palco do cérebro.[2] Essas substâncias derivam de aminoácidos e garantem a comunicação entre os neurônios graças ao impulso nervoso, beneficiando a propagação daquele ou inibindo-o. Os efeitos neuromediadores diferem de acordo com a zona na qual atuam. O excesso de um pode acarretar a carência de outro. Cada lóbulo do cérebro recebe do sistema nervoso influxos elétricos que ele vai converter em mensagem química, e é dessa transformação que depende a harmonia cerebral. Os neurotransmissores são perturbados pela alimentação desequilibrada, os exageros emocionais, ou a falta de sono.

O neurobiólogo Eric Braverman utilizou o teste Brain Electrical Activity Map (Beam) para estudar o funcionamento elétrico do cérebro.[3] Concebida nos anos 1980 por pesquisadores da faculdade de medicina de Harvard, essa técnica de imagem cerebral permite verificar se o cérebro tem um nível equilibrado de dopamina, acetilcolina, Gaba (ácido gama-aminobutírico) e serotonina. A dopamina corresponde à energia e à motivação, a acetilcolina ajuda a criatividade e a memorização, o Gaba é relaxante e traz a estabilidade do humor, a serotonina está associada à alegria de viver, ao sentimento de satisfação. Para Braverman, esses quatro principais neuromediadores do cérebro exercem uma forte influência nos comportamentos.

Assim, uma pessoa que tem bom equilíbrio em Gaba vai ter tendência a se mostrar benevolente e dedicada; ela também será capaz de receber os problemas com certo distanciamento. Esse neuromediador está igualmente implicado na produção de endorfinas, moléculas liberadas durante o esforço físico, quer seja esporte ou relações sexuais, produzindo uma sensação de euforia.

Mas se o Gaba aparece em quantidades elevadas no cérebro, a pessoa tenderá a se sacrificar pelos outros e a se tornar dependente deles. Em compensação, uma severa carência do mesmo neurotransmissor pode gerar certa instabilidade e uma propensão à perda de controle.

A dopamina, secretada majoritariamente pelos lóbulos frontais, é sinônimo de apetite de viver, de motivação, de tomada de decisão. Quando é ela que predomina, a personalidade é viva, extrovertida, gosta do poder, mas pode ter dificuldade em aceitar críticas. Em excesso, a molécula pode levar a atos impulsivos e violentos.

A acetilcolina, fabricada no lóbulo parietal, está ligada à criatividade, à intuição, à sociabilidade, ao gosto pela aventura, bem como à memória. Em excesso, ela pode dar lugar a um altruísmo excessivo; o indivíduo chega a pensar que os que estão à sua volta se beneficiam de sua boa vontade, e a se tornar paranoico. A falta faz perder o sentido da realidade e a capacidade de concentração.

A serotonina, que encontramos na rafe e até no intestino delgado, está relacionada à alegria de viver, ao otimismo, ao contentamento, à serenidade, ao sono e à harmonização dos dois hemisférios cerebrais. Em excesso, ela pode causar grande nervosismo e falta de confiança em si: a pessoa vai se sentir agredida pela menor crítica e se sentirá "patologicamente amedrontada diante da perspectiva de desagradar". Por causa de uma carência de serotonina, ela se sentirá rejeitada por seus próximos e se fechará em si mesma; a depressão é um sintoma frequente do déficit de serotonina.

Além dos neurotransmissores, o cérebro sofre a influência dos hormônios, substâncias secretadas pelas glândulas endócrinas tais como a hipófise, a tireoide, as suprarrenais e as glândulas genitais.

Elas podem igualmente ser fabricadas pelo pâncreas, que secreta a insulina, assim como pelo hipotálamo, que, por sua vez, secreta a ocitocina da qual falaremos adiante.

Liberadas no sangue por essas glândulas endócrinas e esses órgãos, os hormônios vão, de modo geral, ligar-se a uma proteína que regula sua ação para garantir o bom funcionamento de um grande número de funções fisiológicas, como o metabolismo das células, o desenvolvimento sexual, ou ainda a reação do corpo ao estresse. Finalmente, como uma chave que encontra a fechadura certa, o hormônio se fixa no receptor que lhe corresponde, situado em seu órgão-alvo, e ajuda assim o organismo a se adaptar e a enfrentar as necessidades que se apresentam.

Entre os hormônios que exercem um papel no bem-estar ou nas emoções positivas encontra-se a ocitocina, sintetizada no hipotálamo, que é liberada no momento do orgasmo, do parto e do aleitamento. Esse polipeptídio exerce um papel positivo na confiança que concedemos aos outros; ele favorece a empatia, a generosidade e motiva o desejo de ajudar. A ocitocina reduz igualmente o estresse e a ansiedade que se pode experimentar em uma situação social.[4]

O sistema hormonal se autorregula por efeito da retroalimentação, que aumenta ou freia a produção dos hormônios. Mas estes estão frequentemente desregulados pelo estresse, bem como por perturbações que minam, bloqueiam ou modificam a ação deste ou daquele hormônio, causando efeitos nocivos para o funcionamento do organismo. Além do mercúrio e do chumbo, citemos entre esses indesejáveis o bisfenol A e as ftaleínas que encontramos em numerosos plásticos presentes a nossa volta, e os parabenos que entram na composição de alguns cosméticos e de alimentos industrializados, além de centenas de produtos farmacêuticos.

* * *

Outro fator de bem-estar, recentemente apresentado pelos especialistas do cérebro, é o comprimento de um gene (5-HTTLPR) que determina a fabricação de uma molécula responsável pelo transporte de serotonina que, acabamos de ver, é o neurotransmissor que favorece o otimismo, a alegria de viver, a serenidade. Variável conforme os indivíduos, o comprimento desse gene exerce uma influência importante sobre nossos humores. Um estudo desenvolvido nos Estados Unidos com 2574 pessoas acaba de provar que um gene curto, que fornece menor circulação que um gene longo, torna o indivíduo sensível aos acontecimentos estressantes, enquanto um gene longo lhe permite, ao contrário, reter melhor os acontecimentos positivos.[5]

Nossa vida emocional é assim consideravelmente influenciada por nosso cérebro e por todas as substâncias químicas secretadas por nosso corpo. Elas exercem um papel importante em nossa aptidão para a felicidade ou infelicidade, como Schopenhauer havia pressentido, sem ter, na época, conhecimento algum do funcionamento químico de nosso organismo. Mas, se podemos ter a impressão de que neuromediadores e hormônios são determinantes, diversos estudos científicos mostram que podemos agir sobre eles, modificando aos poucos nossos hábitos e comportamentos. Recentemente descobriu-se nossa extraordinária neuroplasticidade: o cérebro se modifica continuamente em função de novos neurônios e de novas conexões neuronais.

Mostrando que nossa aptidão para a felicidade é influenciada por nosso patrimônio genético e pelas secreções químicas de nosso organismo, sem se sujeitar a ela, já que essa última pode evoluir em virtude de nossa alimentação, de nossos comportamentos e de nossos modos de vida, a ciência contemporânea invalida definitivamente a hipótese, muitas vezes sugerida, do determinismo genético. A busca do "gene da felicidade" é pura fantasia. Nossos genes condicionam, de fato, nossa disposição para a felicidade de modo considerável, mas eles não a determinam. Eles fundamentam, em grande parte, nossa estrutura emocional, mas nós podemos agir sobre nossas emoções e nosso humor. Foi o que um filósofo judeu holandês chamado Baruch Spinoza compreendeu e explicou muito bem, há mais de 350 anos, como veremos no fim desta obra.

11. Sobre a arte de estar atento... e de sonhar

Enquanto esperamos viver, a vida passa.[1]

Sêneca

Já observamos que a qualidade de consciência que temos é em si um fator determinante da felicidade. Quanto mais temos consciência de nossas experiências positivas, mais nosso prazer e nosso bem-estar aumentam. Ato reflexo, a consciência nos permite "saborear" nossa felicidade e, em troca, ele se torna mais intenso, profundo e durável. De modo igualmente decisivo, nossa felicidade é alimentada pela qualidade da atenção que damos ao que fazemos. Os sábios estoicos e epicuristas da Antiguidade tinham enfatizado esse ponto capital e afirmavam que o instante nos fazia alcançar a eternidade. A felicidade só se experimenta no instante presente. Os estudos científicos mais recentes confirmam esse fato há muito tempo salientado por numerosos filósofos e psicólogos. Graças à imagem cerebral, neurocientistas puderam demonstrar que as zonas do cérebro ativadas quando nos concentramos em uma única experiência são diferentes das ativadas quando nosso espírito vagueia e rumina diversos pensamentos.[2] A observação clínica revelou igualmente que os indivíduos que sofrem de perturbações nervosas ou depressivas funcionavam com frequência no modo da "ruminação", ao contrário de pessoas que apresentam notável bem-estar subjetivo, que passam de uma atividade a outra, atentas ao que fazem. Assim é que foi possível estabelecer uma ligação entre atenção/concentração e bem-estar, e ruminação/vagueação e mal-estar, identificando-se a ancoragem cerebral desses humores.

Foram propostas diversas terapias com resultados comprovados aos pacientes que sofrem de depressão, ensinando-os a viver atentos ao momento presente. Entre essas terapias encontra-se notadamente a prática da meditação chamada de "consciência plena", elaborada pelo psiquiatra americano Jon Kabat-Zinn, há uns vinte anos, inspirada nos fundamentos da medição budista, e da qual o psiquiatra Christophe André é, na França, um dos principais promovedores.[3] A experiência da meditação silenciosa permite manter a atenção sem perdê-la, tranquilizar o mental, acalmar a ronda incessante dos pensamentos, realimentar-se do interior. Considerando-se a interação entre o corpo e o espírito, essa tranquilização deve jorrar ao mesmo tempo para o organismo e para as emoções. Estudos específicos foram, aliás, desenvolvidos por meditadores treinados, como o francês Matthieu Ricard, que medita várias horas por dia, há quase quarenta anos. Os estudos revelaram que esses praticantes são o centro de uma reação cerebral específica: suas ondas gama são muito mais intensas do que a de outros indivíduos; observa-se neles uma "melhor sincronização do conjunto da atividade elétrica do cérebro" bem como um "aumento da neuroplasticidade, ou seja, da tendência de os neurônios estabelecerem mais conexões".[4]

Se a prática regular da meditação pode ajudar a viver em "plena consciência", cada experiência do cotidiano também pode, evidentemente, ser fonte de bem-estar e produzir efeitos similares. Basta para isso estar atento ao que fazemos no momento presente: nossas sensações quando preparamos uma refeição, quando comemos, quando andamos, quando trabalhamos, quando ouvimos música, em vez de realizarmos essas tarefas ou essas ocupações pensando em outra coisa, ou deixando o espírito vaguear de uma preocupação para a outra. Cada momento do cotidiano pode, então, se tornar fonte de felicidade, não apenas pelo prazer que temos com essas atividades, mas também porque a atenção estimula nosso cérebro de maneira que ele, por sua vez, produz ondas ou substâncias que acentuam nossa impressão de bem-estar.

Constatamos que, frequentemente, não vivemos no presente; deixamos nossos pensamentos devanearem para o passado ou para o futuro. Realizamos várias tarefas ao mesmo tempo. Ruminamos diversas preocupações enquanto trabalhamos. Superativa, a vida moderna só faz acentuar essas tendências, causando o crescimento exponencial do estresse, da fadiga crônica, da depressão e da angústia em nossas sociedades. Ao contrário, uma melhor atenção ao que fazemos, às sensações, às percepções, ao desenrolar da ação pode mudar uma vida.

Não posso, contudo, deixar de apresentar duas importantes correções ao que acabo de dizer. Todas as obras de sabedoria ou de desenvolvimento pessoal insistem com certeza nesse ponto capital, mas elas não mencionam um aspecto complementar que me parece igualmente essencial.[5] Se nossos modos de vida atuais favorecem a disposição mental, o escape dos pensamentos para longe do momento presente e são, por isso, fonte de estresse e de mal-estar, não é o caso também de se deixar cair no excesso inverso, desejando banir todo devaneio, todo vaguear do espírito. Para ser equilibrado, nosso espírito deve, certamente, ser concentrado, atento, mas ele também necessita vagar sem fim preciso, ao sabor dos humores, das inspirações, das associações de ideias. É o que vivemos durante a noite, no sonho, que vem compensar nossa atividade diurna, controlada e consciente. Ora, também não é ruim se conceder, em alguns momentos do dia, depois que se esteve particularmente concentrado no trabalho e nas atividades cotidianas, momentos de relaxamento da atenção em que nosso espírito pode flutuar, folgar, deixar-se levar pelo fluxo dos pensamentos que vão e vêm. Semelhante "descontração" é diferente da "ruminação" que consiste geralmente em se concentrar num remorso do passado, numa angústia do futuro e acréscimo de emoções negativas. Montaigne nos diz que este é um dos principais motivos para o prazer que ele tem em cavalgar: a equitação nos torna disponíveis ao devaneio.

Fico surpreso ao ver que numerosas crianças sofrem de déficit de atenção, são hiperativas e nervosas. Ora, em geral, essas crianças são bombardeadas incessantemente por estímulos exteriores: esforço de concentração na escola, onipresença em casa da televisão, do computador, dos video games interativos. Não há mais lugar, ou tempo livre em suas vidas para a construção da interioridade. Ora, esta se edifica tanto pelo pensamento e pela educação quanto pelo devaneio e pela brincadeira, e graças a isso a criança dá livre curso à sua imaginação. "Excessivas solicitações do mundo exterior inibem o impulso criador da criança, impedem-na de pensar, de se exprimir e de inovar", explica a psicóloga clínica Sevim Riedinger.

A brincadeira continua sendo para ela, apesar do mundo do computador, um suporte incontornável para a construção de seu ser. É nele que ela pode saborear, com toda liberdade e longe das restrições, um espaço interior bem dela. Isso permite que ela faça, desfaça e refaça sua realidade e absorva suas dores. Procurar soluções mais longe e mais alto quando a situação se encontra num impasse.

Distanciar-se para encontrar o impulso vital.[6] Adultos, somos tão solicitados pelo exterior e pelas numerosas tarefas a realizar que em geral funcionamos, nós também, em modo "pensamento" ou "concentração". Acabamos igualmente sufocando e ressecando.
Nosso espírito tem, portanto, necessidade tanto de se concentrar, de ser atento, quanto de relaxar e de se regenerar pelo silêncio interior — fruto, por exemplo, da meditação —, mas também pelo devaneio, a vadiagem da imaginação. A inatividade e o silêncio, escutar música, a leitura de poesia, a contemplação da natureza ou de obras artísticas são outros trunfos preciosos para fortalecer nossa vida. Frequentemente, como acontece com a criança e a brincadeira, é relaxando a mente que surgem de repente soluções para nossos problemas, as mais luminosas ideias, as intuições que nos permitirão avançar mais uma vez no momento em que permanecíamos bloqueados. Algumas terapias consistem exatamente em colocar o sujeito em um estado modificado de consciência que permite ao cérebro funcionar conforme um modo diferente do mundo racional habitual, favorecendo o surgimento de certas emoções reprimidas. No universo tradicional, é tipicamente a experiência do transe xamânico, experiência que os gregos e os romanos viviam por meio dos cultos iniciáticos de mistérios. O Ocidente moderno inspirou-se nesses métodos, que ainda se praticam em numerosas culturas tradicionais, para aperfeiçoar terapias criadas acerca desses estados modificados de consciência e da confusão mental: a hipnose ou o *rebirth* [renascimento] são

bons exemplos. É porque o sujeito está desestabilizado, que seu cérebro não funciona mais conforme o modo de controle habitual, que ele pode evoluir, mover suas linhas interiores, passar a outro "estado de ser".

Segunda correção importante que eu desejava introduzir: se nossa felicidade depende muito de nossa capacidade de viver no instante presente, ela também depende de nossa aptidão para nos lembrarmos dos momentos felizes de nossa vida. A vagueação do espírito no passado produz infelicidade quando ela vai buscar lembranças negativas, remorsos ou arrependimentos, mas oferece uma rara felicidade quando vai recordar nele os momentos felizes. A felicidade se alimenta da consciência de ser feliz, e se essa consciência se ativa sempre no presente, ela também aciona o imaginário para se apoderar e "tratar" de lembranças do passado. No seu *Em busca do tempo perdido*, Proust também se tornou o cantor da felicidade que nos oferece, no presente, esta ou aquela lembrança retomada. Mas, já na Antiguidade, filósofos enfatizaram esse ponto. Quando, em *Filebo*, Platão fala sobre os prazeres da alma, ele insiste no papel da memória e evoca principalmente a felicidade dispensada pelas lembrança dos prazeres corporais e, de maneira indireta, a antecipação dos que estão por vir. É porque guardei a memória do intenso prazer que senti ao beber um bom vinho que estou feliz não apenas em rememorar, mas também em considerar experimentá-lo novamente. Epicuro também insiste no papel essencial da memória como adjuvante da felicidade, em especial quando o corpo sofre em consequência de uma doença ou de um abuso: ela permite que se recupere a "ataraxia", a paz profunda do ser, a lembrança de momentos felizes. Mas não se trata da viagem do espírito ao passado: como em Proust, a memória permite *reviver uma sensação* agradável; é sempre *no presente* que a felicidade é experimentada graças a essa reminiscência.

Acrescentarei ainda que se a memória contribui para a nossa felicidade — mas também, eventualmente, para a nossa infelicidade — é porque ela nos leva a situar nossa vida numa certa duração. Ora, se sentimos um intenso prazer em viver o instante, guardamos a memória, mesmo sem ativá-la explicitamente, de todas as experiências passadas, de todos os laços afetivos que ligam esse instante a tantos outros, bem como a nossos semelhantes. É isso que fundamenta nossa identidade e é todo o drama do mal de Alzheimer. Alguns anos atrás, perdi completamente a memória por umas dez horas (*ictus amnésico*); então me dei conta de que essa "ausência", apropriadamente nomeada, acarreta uma forma de despersonalização: não reconhecendo mais ninguém, não tendo mais lembrança alguma de nossa história, ficamos como que cortados de nós mesmos; nenhum prazer do instante poderá a partir daí suprir o caráter decisivo da consciência de um "eu" considerado inserido na duração.

12. Somos o que pensamos

Como eu seria feliz se eu fosse feliz!

Woody Allen

Um velho debate filosófico relançado pela psicologia moderna trata da relação entre nossos afetos (emoções, sentimentos) e nossos pensamentos e crenças. Aqueles precedem e condicionam estes? Ou, ao contrário, nossas emoções e nossos sentimentos são fruto de nossos pensamentos e de nossas crenças? Tomemos um exemplo concreto: um indivíduo triste que duvida de suas capacidades tornou-se triste porque é habitado pela ideia ou pela crença de que é incapaz, ou então passou a pensar assim porque viveu, em criança, uma emoção traumatizante que, tendo-o tornado triste, desenvolveu nele um complexo de inferioridade?

Os Antigos tenderam preferencialmente a postular a anterioridade e o primado do pensamento sobre a emoção. "Somos o que pensamos", afirma Buda. Desde Spinoza, e depois Freud, os modernos valorizam, ao contrário, os afetos que, segundo eles, determinariam o conteúdo de nossos pensamentos. Com o desenvolvimento, porém, da psicologia positiva no fim do século XX, os contemporâneos enfatizam o papel determinante dos pensamentos e das crenças na vida emocional.

Creio que se trata aí de um falso problema. A realidade, parece-me, é que existe uma interação permanente entre afetos e pensamentos, os quais se condicionam mutuamente. Às vezes a emoção precede o pensamento: como fui mordido uma vez, tenho medo dos cães e penso que eles são perigosos. Às vezes o pensamento precede a emoção: minha mãe me disse que cães são perigosos, e eu fico paralisado pelo medo quando vejo um vindo em minha direção. O que importa é que nos dois casos podemos trabalhar nossas emoções para fazer evoluir pensamentos e crenças, do mesmo modo que trabalhar nossos pensamentos e crenças para melhor regular nossa vida emocional.

A maioria das novas terapias comportamentais que, no todo, conseguem bons resultados, associa trabalho sobre as emoções e trabalho sobre o pensamento para uma reprogramação positiva. Corpo e espírito, emoções e pensamentos são mobilizados para permitir a cura de um trauma, de uma fobia, de uma ferida do passado. Mas o trabalho sobre os pensamentos e as emoções é não apenas curativo; ele pode também ser preventivo. Trata-se, então, de fazer vigilância de quando tal pensamento ou tal emoção aparecerá, a fim de evitar ser perturbado por eles. A atenção à vida interior, alimentada pela introspecção, permite sentir cada vez mais rapidamente o que acontece em nós, e reagir antes que o pensamento ou a emoção venha se enraizar e nos perturbar. É também uma das maiores contribuições da meditação: com esse exercício cotidiano de distanciamento de nossos pensamentos e de nossas emoções, aprendemos a não mais nos identificar com emoções que surgem inesperadamente, ou a nos deixar invadir pelo menor pensamento. Aprendemos a não mais dizer: "Estou com raiva", ou "Estou triste", mas a constatar: "Olha, uma raiva, ou uma tristeza, está vindo". Esse distanciamento permite um melhor domínio da vida emocional e uma seleção vigilante dos pensamentos que vêm ao espírito.

Podemos dar um passo a mais e trabalhar ativamente nossos pensamentos e crenças. Estaremos mais inclinados a isso na medida em que compreendermos que o mundo exterior é apenas o espelho de nosso mundo interior. Quando olha uma paisagem, o homem de negócios vê um espaço a explorar; o poeta, uma "floresta de símbolos"; o apaixonado vê aquele ou aquela que ele ama e sonha passear ali em sua companhia; o melancólico se lembra com nostalgia dos acontecimentos distantes num quadro natural semelhante àquele; o espírito alegre se rejubilará com as cores e a harmonia da paisagem; enquanto o deprimido não verá ali senão um espetáculo tristonho. Nossos pensamentos e nossas crenças, como nossos estados de ânimo, determinam nossa relação com o mundo. Um homem confiante verá uma bela oportunidade numa dada situação, enquanto o homem medroso se focará no risco corrido. Um indivíduo que se respeita não duvidará da estima que os outros lhe têm, enquanto um indivíduo que perdeu a estima de si será sensível ao menor sinal crítico que confirmará sua negatividade.

É o que mais uma vez os Antigos tinham também compreendido perfeitamente. Na mesma linha de Buda, o sábio estoico Epiteto afirmava: "Ninguém pode te fazer mal se não o quiseres. Porque tu serás prejudicado quando julgares que foste prejudicado".[1] Adiante, voltarei mais longamente às sabedorias budista e estoica. O que me interessa agora é mostrar como trabalhar nossos pensamentos e crenças é um elemento essencial na construção de uma vida feliz. Schopenhauer captou bem isso e insistia principalmente na necessidade de desenvolver pensamentos positivos, eliminando nossas velhas crenças negativas. Em seu tratado *A arte de ser feliz*, ele aconselha "considerar o que possuímos exatamente com um olhar que teríamos se aquilo nos fosse tirado"[2] (bens materiais, saúde, posição social, amores), pois é frequentemente após a perda que percebemos a sorte que tínhamos. Passar do pensamento: "E se eu tivesse isso?" para: "E se eu perdesse isso?". Olhar aqueles que estão pior que nós de preferência aos que estão melhor, pois, como os estudos sociológicos contemporâneos confirmam, a comparação é uma das chaves da felicidade e da infelicidade.[3] Schopenhauer recomenda igualmente evitar tanto quanto possível multiplicar as esperanças e os medos.[4] Por sua vez, o filósofo contemporâneo André Comte-Sponville construiu toda uma filosofia da felicidade sobre o tema da sabedoria da desesperança: "O sábio não tem mais nada a desejar ou a esperar. Porque ele é plenamente feliz, nada lhe falta. E porque nada lhe falta, ele é plenamente feliz".[5]

Martin Seligman, professor da Universidade da Pensilvânia, dirige o centro de psicologia positiva na Filadélfia. Há quarenta anos, é pioneiro na disciplina, que se interessa pelo funcionamento humano ideal e propõe-se a valorizar os fatores que permitem o desabrochamento dos indivíduos. Em vez de focar na doença e no mal-estar, ela insiste sobre a origem de uma boa saúde psicológica. Nesse contexto, Seligman realizou numerosos estudos destinados a compreender o que favorece a saúde ou a doença, a felicidade ou a infelicidade. Esses estudos, desenvolvidos ao longo de vários decênios, tratando de milhares de indivíduos, levaram-no a atualizar a velha distinção entre indivíduos "otimistas", que vêm de preferência o lado positivo das coisas e encaram o futuro com confiança, e os "pessimistas", inclinados a ver o lado negativo das coisas e a se sentir inquietos diante do futuro. Ora, esses estudos, completados pelos de tantos outros pesquisadores, mostraram que os "otimistas" têm majoritariamente mais êxito que os "pessimistas" em todos os campos e são assim muito mais aptos à felicidade. Porque têm confiança na vida e encaram o futuro com serenidade, eles "atraem", de algum modo, mais acontecimentos ou encontros positivos que os pessimistas. Eles se beneficiam assim de uma melhor saúde, são oito vezes menos sujeitos à depressão e gozam de melhor expectativa de vida.[6] Em qualquer situação difícil, enquanto o otimista considera uma solução para o problema, o pessimista permanece convencido de que não há saída, ou de que a situação crítica vai perdurar. No fundo, o pessimista não acredita que a felicidade seja possível. Ele poderia adotar como máxima a célebre frase de Woody Allen: "Como eu seria feliz se eu fosse feliz!".

De onde vem, então, o fato de que alguns indivíduos sejam mais otimistas e outros mais inclinados ao pessimismo? Seligman apresenta vários fatores, sendo o principal a sensibilidade do indivíduo transmitida por herança genética. Mas a influência dos pais e dos professores também não pode ser esquecida, como ainda a do ambiente geral e a da religião. Assim, alguns povos parecem mais otimistas que outros: é o caso dos americanos, enquanto os franceses figuram entre os mais pessimistas do mundo. A influência das mídias é também determinante: elas podem alimentar um ambiente ansioso, sempre dando destaque a tudo o que vai mal. Se é difícil, sem dúvida, para um indivíduo tipicamente "pessimista" se tornar do dia para a noite "otimista", é admissível, para cada um de nós, atenuar o caráter negativo de suas crenças e de seus pensamentos, abordando a vida com mais confiança. Talvez ele seja mais feliz, ou, pelo menos, se sentirá menos infeliz.

13. O tempo de uma vida

Ah, a alegria deste trabalho que ninguém consegue terminar: viver![1]

Christian Bobin

"Você é feliz?" Formulada de modo assim brusco, essa pergunta me deixa sempre desconfortável. Se ela pretende interrogar meu estado atual, não apresenta nenhum interesse real: posso me sentir desconfortável no palco da televisão no qual me lançam essa pergunta e ter vontade de responder "não" referindo-me a esse mal-estar pontual, embora, de maneira geral, eu tenha uma vida feliz... e vice-versa. Se ela pretende interrogar meu estado completo sobre a duração, tem o defeito de ser muito binária: como se fôssemos totalmente felizes, ou, ao contrário, integralmente infelizes. De fato, somos quase todos "mais ou menos felizes". E nossa impressão de felicidade flutua com o tempo. Posso dizer que, hoje, estou totalmente feliz, quer dizer, satisfeito com a vida que levo, e com certeza muito mais do que há dez ou vinte anos; mas talvez eu seja menos ou mais daqui a dez anos. O objetivo a perseguir é ser cada vez mais profunda e duravelmente feliz, tanto quanto a vida nos permita.

Os pesquisadores que analisaram os diferentes parâmetros do bem-estar subjetivo observam que existe em cada indivíduo uma espécie de "ponto fixo" da felicidade ligado à sua personalidade. Cada indivíduo possui naturalmente certa aptidão para ser feliz. Ele se encontrará abaixo de seu ponto fixo quando for confrontado com uma situação dolorosa (doença, fracasso profissional ou afetivo), mas, acima, quando viver uma experiência positiva (casamento, promoção). Ele voltará em seguida, quase sempre, ao seu ponto fixo. Alguns estudos até mesmo mostraram que a maioria das pessoas que ganha na loteria experimenta um pico de felicidade durante alguns meses, antes de aos poucos recair para o nível anterior de bem-estar. Inversamente, muitas pessoas que se tornam incapazes em consequência de um grave acidente ficam extremamente infelizes por determinado tempo, com frequência chegando a desejar morrer; em seguida, o gosto de viver e a melhora do bem-estar se sobrepõem, e, em média, ao fim de dois anos, elas recuperam seu "ponto fixo", esse constante de felicidade que sentiam antes do acidente.[2]

Todo o interesse do trabalho sobre si, da busca da felicidade, consiste precisamente em poder elevar nosso "ponto fixo" de satisfação, a fim de que a felicidade seja, para nós, cada vez mais intensa, profunda e durável. Eu mesmo pude comprovar que é possível ultrapassar patamares em nossa capacidade de ser feliz. Outros tantos "rumos" constituem os novos "pontos fixos" de nossa aptidão à felicidade.

A essa possível evolução subjetiva, ligada ao trabalho interior de cada um, se sobrepõe a progressão do índice de satisfação ao longo da vida, bastante semelhante na maioria dos indivíduos. Os estudos estatísticos mostram, de fato, que a maioria das pessoas partilha um índice de satisfação que varia de modo bastante similar conforme a idade. Assim é que na França, a partir das pesquisas de opinião que, todos os anos (desde 1975), questionam sobre a satisfação de vida, pesquisadores do Insee demonstraram que existe certamente um efeito de idade quaisquer que sejam as gerações sondadas. *Grosso modo*, o índice de satisfação global com a vida não para de baixar, dos vinte anos até por volta dos cinquenta, a partir de quando tem uma sensível alta, até por volta dos setenta anos, antes de ter novo declínio.[3] Os pesquisadores não explicam esse fenômeno. Parece-me que podemos lançar a hipótese de que a baixa da satisfação global até os cinquenta anos corresponde à perda das ilusões e ao confronto com as dificuldades da vida adulta, bem como aos grandes questionamentos do meio de vida, que observamos na maioria dos indivíduos entre 35 e cinquenta anos. O forte aumento que vem depois dos cinquenta até os setenta anos poderia se explicar pelo desabrochamento da maturidade: fica-se cada vez mais satisfeito com a vida profissional e adquire-se com a experiência um conhecimento de si e dos outros que permite viver melhor. Às vezes, a existência foi baseada em novos valores ou novos desejos. Alguns até mesmo "refizeram" a vida. A progressiva diminuição do índice de satisfação a partir dos setenta anos poderia, em compensação, ser explicada pelas angústias do envelhecimento — preocupações crescentes com a saúde, perda de capacidades físicas ou intelectuais, perspectiva da aproximação da morte —, mas também pelo falecimento de amigos e às vezes do cônjuge.

    De fato — e, ainda não falamos disso suficientemente — nossa felicidade depende muito de nossa relação com os outros.

14. Podemos ser felizes sem os outros?

Ninguém escolheria viver sem amigos, mesmo que possuísse os outros bens.[1]

ARISTÓTELES

A felicidade pode ser fruto de uma vida totalmente governada pelo egoísmo? Sem necessariamente fazer mal aos outros, é possível desinteressar-se deles e concentrar-se exclusivamente no aumento do bem-estar pessoal. Os estudos sociológicos contemporâneos mostram, contudo, que o amor, a amizade, o laço afetivo constituem um dos principais pilares da felicidade (com a saúde e o trabalho). Aristóteles e Epicuro já tinham enfatizado: não há felicidade possível sem amizade. Aliás, Aristóteles não distingue o amor conjugal da amizade: para ele, trata-se do mesmo sentimento, implicando identidade e reciprocidade, que une os esposos como amigos e faz a felicidade deles. Identidade porque em primeiro lugar reconhecemos no amigo "um outro como nós mesmos" com quem partilhamos as mesmas aspirações, os mesmos gostos e centros de interesse, os mesmos valores e eventualmente os mesmos projetos de vida.[2] Somos felizes por termos encontrado um ser com quem nos sentimos em comunhão quanto ao essencial. Diógenes Laércio conta que, quando perguntavam a Aristóteles o que era um amigo, ele tinha o hábito de responder: "Uma só alma residindo em dois corpos".[3] Montaigne não dirá outra coisa para qualificar seu amigo Étienne de La Boétie: "E em nosso primeiro encontro [...] ficamos tão ligados, tão conhecidos, tão comprometidos entre nós, que nada desde então nos foi mais próximo do que um do outro".[4] Reciprocidade, pois o amor, para nos fazer desabrochar, precisa ser partilhado: não podemos ser felizes por amar alguém que não nos ama. Acrescentarei a essas duas dimensões uma terceira, mais implícita, em Aristóteles: a alteridade, porque aquilo que nos toca no outro é também sua diferença radical, irredutível, o que é único nele, seu rosto próprio. Alegramo-nos com a singularidade, mas também com a liberdade de nosso amigo, e desejamos que elas se fortaleçam sempre mais.

O amor de amizade (*philia*), de que fala Aristóteles, implica a presença de um ser querido com quem gostamos de criar uma "obra conjunta": da partilha de uma paixão artística, esportiva, lúdica, intelectual, até a fundação de um lar. Por outro lado, o filósofo explica que "poucos amigos devem ser suficientes; como na alimentação, é necessário pouco tempero".[5]

Ninguém pode ser feliz sem amor, sem viver uma experiência de comunhão afetiva. Isso não significa que todo amor traga felicidade. A paixão amorosa, por ser fundamentada no desejo físico e, na maioria das vezes, numa representação idealizada do outro, pode também trazer infelicidade. Há, de fato, algo de patológico na paixão amorosa: idealização do parceiro, jogos de sedução, ciúme, alternância de tristeza e euforia, esperanças e desilusões... Muitos relacionamentos amorosos começam com um prólogo de tipo passional, antes de evoluírem para um conhecimento aprofundado do outro, uma amizade que é também cumplicidade, de modo que o amor seja durável e feliz.

Certamente, existe em toda relação afetiva uma dimensão dual de amor egocêntrico e de amor altruísta: a pessoa está, ao mesmo tempo, preocupada consigo pelo amor que doa e que recebe, e também preocupada com o outro, com seu prazer, sua felicidade, sua realização pessoal. Esses dois aspectos se mesclam de modo muito diverso. O amor é tanto mais forte e radiante quanto os amigos/cônjuges se amam na reciprocidade de um amor fortemente altruísta. Mas não se deve ser infeliz querendo dar aos outros mais do que se pode fazê-lo. Montaigne condenava o espírito de sacrifício de numerosos cristãos e lembrava a necessidade de não exceder as forças de sua natureza, querendo amar ou ajudar os outros: "Quem abandona em si mesmo o saudável e alegre viver para servir a outrem toma para si um mau e desnaturado partido".[6]

A maioria dos pensadores modernos estima que o homem é visceralmente egoísta e não age, mesmo que aparentemente de modo desinteressado, senão em seu próprio interesse. É a tese de Thomas Hobbes, ou Adam Smith, retomada por Freud. Essa concepção pessimista da natureza humana é talvez herdada do dogma cristão do pecado original, segundo o qual a natureza humana, fundamentalmente corrompida, só pode ser restaurada pela graça divina. Tiremos Deus e resta apenas o pessimismo! Essa tese repousa, contudo, em uma verdade já citada acima: existe um núcleo de egoísmo que nos inclina a agir conforme nossa natureza na busca de nossas aspirações e na realização de nossas ações: o generoso sente prazer em dar, bem como o avarento sente prazer em guardar. Mas existe outra lei do coração humano, igualmente universal, parece, ignorada por esses pensadores pessimistas: agindo pela felicidade dos outros, fazemos também a nossa.

Inúmeros estudos científicos, de fato, mostraram que existe uma relação entre felicidade e altruísmo: as pessoas mais felizes são as mais abertas aos outros, e elas se sentem igualmente, e até mais, preocupadas com o destino das outras pessoas do que com o próprio.[7] Não existe oposição entre amor por si e amor pelos outros, entre ser feliz e fazer os outros felizes. Muito pelo contrário, o fato de se interessar por outrem reduz o egocentrismo, que é uma das principais causas da infelicidade.

Mesmo que a palavra "altruísmo" tenha sido inventada no século XIX por Auguste Comte, o que ela contém — o amor/dom — e sua relação direta com a felicidade foram evidenciados pela maioria dos sábios, místicos e filósofos. Platão já enfatiza em *Górgias* "que o homem mais feliz é aquele que não tem na alma nenhum traço de maldade". O apóstolo Paulo lembra estas palavras de Jesus, curiosamente ausentes dos Evangelhos, embora elas exprimam sua quintessência: "Há mais felicidade em dar que em receber".[8] O filósofo das Luzes, Jean-Jacques Rousseau afirma: "Eu sei e eu sinto que fazer o bem é a mais verdadeira felicidade que o coração humano pode experimentar".[9] Em nossos dias, Matthieu Ricard, repetindo a tradição mais do que bimilenar do budismo, conclui sua última obra, *A revolução do altruísmo*, com estas palavras:

> A verdadeira felicidade é indissociável do altruísmo, pois ela participa de uma bondade essencial que se acompanha do desejo profundo de que cada um possa desabrochar na

existência. É um amor sempre disponível e que procede da simplicidade, da serenidade e da força imutável de um coração bom.[10]

Contra a doutrina do pecado original, partilho plenamente da opinião de Matthieu Ricard e do budismo, de que o cerne da natureza humana é bom, e nosso coração foi feito para desabrochar no amor e no dom. Quando cometemos atos negativos inspirados pelo ódio, pela cólera, pelo medo, temos, aliás, geralmente a impressão de estarmos como que fora de nós mesmos: não se diz de um homem colérico que ele está "fora de si", que "perdeu as estribeiras"?

Quando, ao contrário, realizamos ações positivas motivadas pela bondade, o altruísmo, a empatia, sentimo-nos plenamente nós mesmos. É porque nossa natureza é fundamentalmente levada ao altruísmo. São as reações às vicissitudes da vida que nos fazem desenvolver medos, cóleras ou mesmo ódio. Para livrar-se disso, um trabalho sobre si, pensamentos, emoções, é geralmente importante. Mas nada substitui a experiência de ser amado. O amor/dom cura muitas feridas da vida: não apenas quando somos amados, mas também quando descobrimos os tesouros de bondade escondidos em nosso próprio coração. Podemos então entrar no extraordinário círculo virtuoso da vida: quanto mais ajudamos os outros, mais somos felizes; quanto mais somos felizes, mais temos vontade de ajudar os outros.

15. O contágio da felicidade

Todo homem e toda mulher deveria pensar continuamente no seguinte: que a felicidade, refiro-me à que se conquista para si, é a mais bela e mais generosa oferenda.[1]

ALAIN

Na primavera de 2013, participei de uma mesa-redonda por ocasião dos encontros de Fez, no Marrocos, organizados por Faouzi Skali. O tema era a felicidade. Depois de minha apresentação, André Azoulay, conselheiro do rei, tomou a palavra. Esse homem justo é judeu e fortemente engajado, desde sempre, no diálogo entre Israel e Palestina. Ele revelou seu ceticismo quanto à busca da felicidade individual num mundo marcado por tantos sofrimentos e dramas. Sem formulá-la desse modo, ele fazia a pergunta que há muito tempo eu me fazia: Podemos ser felizes num mundo infeliz? Respondo sem hesitar: sim, mil vezes sim. Porque a felicidade é contagiosa. Quanto mais somos felizes, mais fazemos felizes aqueles e aquelas que nos cercam. De que serviria renunciar a toda felicidade pessoal por empatia ou compaixão por aqueles que sofrem, se isso não puder ajudá-los em nada? O que importa não é recusar-se a ser feliz, mas agir e se engajar para tornar o mundo melhor, e não edificar sua própria felicidade em detrimento da dos outros. O escandaloso é, por exemplo, construir um império financeiro e não partilhar nada ou quase nada da fortuna. É basear o sucesso na infelicidade dos outros. É, em menor escala, não se preocupar absolutamente com o bem comum. Mas, se colocamos nosso sucesso e nossa prosperidade a serviço de outrem, se nossa felicidade nos permite também levar a felicidade aos outros, podemos então considerar que é um dever moral ser feliz. André Gide em *Os frutos da terra* diz muito bem:

> Há na terra tais imensidões de miséria, de desamparo, de privação e de horror, que o homem feliz não pode imaginá-las sem se envergonhar de sua felicidade. E, contudo, nada pode pela felicidade de outrem aquele que não sabe ser ele mesmo feliz. Mas me parece odiosa toda felicidade que se obtém a expensas de outrem e pela posse das quais o privam.[2]

Estudos científicos confirmam perfeitamente que a felicidade é contagiosa. "A felicidade é como uma onda de choque", afirma Nicholas Christakis, professor de sociologia da Universidade Harvard e autor de um estudo desenvolvido durante quase dois anos envolvendo em torno de 5 mil indivíduos. "A felicidade das pessoas depende da felicidade dos outros aos quais elas estão conectadas. O que nos permite considerar a felicidade como um fenômeno coletivo", confirma o estudo que chega a detalhar — o que me fez abrir um sorriso — que "cada amigo feliz aumenta em 9% nossa probabilidade de ser feliz, enquanto cada amigo infeliz faz nosso capital de felicidade diminuir em 7%".[3] Porque, se nossa felicidade contribui para a felicidade dos outros, a recíproca é igualmente verdadeira: inversamente, a infelicidade também é contagiosa.

Podemos experimentar o contágio da felicidade por meio do cinema ou do prisma das mídias. Quando, por exemplo, vemos na televisão um desportista exibir sua alegria depois de ter ganhado um grande troféu, ficamos também emocionados, mesmo que não estejamos particularmente envolvidos. Jamais esquecerei a felicidade que tomou conta da França inteira após a final da Copa do Mundo de futebol de 1998: abraçavam-se desconhecidos na rua, e todas as barreiras sociais caíram no espaço de algumas horas, levadas pelo vento da felicidade compartilhada. Também nos emocionamos, às vezes, até as lágrimas, quando vemos na televisão a felicidade absoluta de um pai ou de uma mãe reencontrando uma criança desaparecida, a família de um refém libertado, que o abraça depois de anos de separação, uma criança gravemente enferma, de súbito curada etc.

Alguns, contudo, se aborrecem com a felicidade do outro, em especial entre os indivíduos que se colocam em situação de rivalidade. Acontece então de eles se alegrarem com a provação e o fracasso de alguém em quem veem um concorrente no plano profissional, ou um rival no plano afetivo. Para os biólogos, essa atitude, mais frequente do que imaginamos, constituiu uma vantagem adaptativa no decorrer da evolução: a eliminação de um rival facilitava a própria sobrevivência de um indivíduo, ou lhe permitia obter um lugar melhor no seio do grupo. O budismo explica que esse espírito de rivalidade é um veneno que torna a felicidade dependente dos outros numa mentalidade negativa: feliz quando eles fracassam, infelizes quando têm sucesso. Ele mostra que uma das chaves da serenidade consiste em superar todo ciúme. O melhor antídoto para tal é aprender a alegrar-se com a felicidade de outrem.

16. Felicidade individual e felicidade coletiva

Quando cada homem procura intensamente o que é útil para ele mesmo, é quando os homens são mais úteis uns para os outros.[1]

Baruch Spinoza

"Preferimos ser felizes a ser sublimes ou salvos".[2] escreve Pascal Bruckner em seu ensaio crítico sobre a moderna procura da felicidade. Segundo ele, esta começa no Século das Luzes com a modernidade ocidental que substitui a busca religiosa do paraíso celeste pela da felicidade terrestre. "O paraíso terrestre é onde estou", afirma, com efeito, Voltaire em seu poema "Le Mondain" [O mundano], em 1736.

Embora seja verdade que o agnosticismo ocidental substituiu a busca da beatitude celeste pela da felicidade terrestre, não é justo dizer que a felicidade é "um valor ocidental e historicamente datado" que se desenvolveu na época moderna.[3] A busca da felicidade neste mundo é uma busca universal bem anterior àquela. É mesmo muito anterior ao nascimento da teologia cristã que colocou a felicidade suprema no além. Já se encontram traços dela numa narrativa que data do terceiro milênio antes de nossa era: a *Epopeia de Gilgamesh*, um dos mais antigos textos da humanidade, o qual denuncia o descomedimento próprio da busca pela imortalidade e valoriza a busca neste mundo de uma felicidade na nossa medida. Do mesmo modo, o Egito antigo buscava tanto a felicidade neste mundo quanto no além, e o conceito de felicidade terrestre é fortemente atestado na Bíblia hebraica. Vimos, ao longo deste livro, que a busca por uma felicidade individual e terrestre está igualmente presente entre os filósofos da Antiguidade: Aristóteles, Epicuro, os estoicos notadamente. Ela existe também nas grandes civilizações asiáticas, tanto na Índia como na China, e é a mesma essência da doutrina budista. Em resumo, se Pascal Bruckner tem razão em insistir na ruptura da época moderna, ele parece esquecer que o surgimento do mundo cristão em si mesmo constituiu uma formidável ruptura com a maioria das sabedorias antigas, que defendiam uma busca da felicidade individual e terrestre. A procura moderna do aperfeiçoamento pelo trabalho sobre si certamente substituiu a busca cristã da santidade pelo ascetismo e pela graça, mas ela se associa também, para além de dois milênios de cristianismo, à busca da sabedoria dos Antigos, e encontra a do Oriente. Se existe uma diferença entre as buscas contemporâneas da felicidade e as dos Antigos, ela não concerne à busca da felicidade individual aqui e agora, mas a outra coisa bem diferente: a separação do bem individual e do bem comum.

Para os sábios da Antiguidade, de fato, como, aliás, para os sábios orientais, a felicidade solitária não existe. A harmonia política sendo concebida para os gregos como superior ao equilíbrio individual, para eles não se concebe que se possa ser feliz sem participar de modo ativo do bem da cidade. Os estoicos associam a felicidade do sábio ao seu engajamento, ao seu civismo. Desse modo, ele participa da manutenção da ordem do mundo. A felicidade individual defendida por Platão, Aristóteles, Confúcio ou Buda não é concebível senão numa visão holística, em que o indivíduo não está separado do grupo, da cidade, da comunidade. De um lado, porque a espiritualidade ou a filosofia supõe um esforço comum, uma transmissão, uma ajuda mútua, e se pratica essencialmente em grupo: *sangha* budista, direção espiritual estoica, amizade epicurista. Por outro lado — especialmente entre os gregos —, porque o bem comum é sentido como superior à felicidade individual e exige de cada um trabalhar pelo bem da cidade. Assim, Aristóteles afirma claramente: "Mesmo que exista identidade entre o bem do indivíduo e o da cidade, é uma tarefa mais importante e mais perfeita apreender e salvaguardar o bem da cidade".[4]

Os filósofos do século XVIII e os fundadores das primeiras Repúblicas partilhavam plenamente esse ponto de vista. A felicidade individual prometida pelos defensores das Luzes e que figura na Declaração de Independência americana se inscreve no projeto mais amplo de uma felicidade coletiva. Melhoria do bem-estar individual e melhoria da sociedade caminham juntas. Os séculos XVIII e XIX foram marcados pela formidável crença no progresso das sociedades humanas e pelo exercício da razão, da ciência, da educação, do direito. A emancipação do indivíduo e sua busca pessoal da felicidade era ainda acompanhada dos grandes ideais republicanos de liberdade, igualdade, fraternidade, e todos aspiravam a um mundo melhor, embora o interesse obtuso das nações e seus desígnios expansionistas tenham resultado nos terríveis conflitos do século XX.[5] Os grandes ideais coletivos nem por isso desapareceram, e, após a Segunda Guerra Mundial, a vontade de mudar o mundo galvanizava ainda centenas de milhões de indivíduos. Os comunistas acreditavam numa sociedade ideal possível e lutaram por seu surgimento. Do dr. Schweitzer ao abade Pierre, os cristãos socialistas se engajavam para melhorar a condição de seus semelhantes, e os hippies da contracultura empunhavam o estandarte *Paz e Amor*.

O consumo de massa e a revolução dos costumes do fim dos anos 1960 marcaram uma profunda virada. Assiste-se, então, a um aumento acelerado das liberdades individuais no quadro de uma sociedade presa a um consumismo exacerbado. Cada vez mais preocupados consigo mesmos e com a satisfação de seus desejos, os indivíduos dedicam seus principais esforços a aumentar o conforto material e a aperfeiçoar o sucesso social. O desenvolvimento de uma nova forma de individualismo delineia uma profunda ruptura: a relação entre felicidade individual e bem comum se parte no seio das sociedades modernas, particularmente na França. Em seu ensaio *A era do vazio*, Gilles Lipovetsky analisou admiravelmente essa segunda revolução individualista.[6] Enquanto o indivíduo oriundo da primeira revolução (surgimento da modernidade) ainda estava impregnado dos grandes ideais coletivos e de um vivo interesse pela vida pública, o individualismo contemporâneo se reduz a um narcisismo. Cada um está preocupado apenas com o sucesso pessoal e com a defesa de seus interesses. O egocentrismo, a indiferença pelos outros e pelo mundo se tornaram, para muitos, a norma. Encontramos nos romances de Michel Houellebecq uma boa descrição desse individualismo narcísico: seus personagens são apáticos, egoístas, frustrados, cínicos, adeptos de um hedonismo sem alegria, de um narcisismo desiludido. A palavra de ordem desse individualismo poderia ser: "Depois de mim, o dilúvio". Sempre desejosos de possuir mais, temos, contudo, consciência dos limites e dos perigos da lógica mercantil que governa o mundo; convencidos, porém, de que não adianta nada trabalhar para todos, de que fomos aprisionados em lógicas mortíferas que são mais fortes que nós, confrontados aos nossos medos e à nossa impotência, não nos resta senão dar vazão a nossos desejos instintivos numa espécie de niilismo passivo. É nesse aspecto que a situação do homem contemporâneo é inédita.

Embora sejam esses comportamentos ainda largamente dominantes, assistimos, contudo, há uns dez anos, ao nascimento do que eu chamaria de "terceira revolução individualista". De fato, alguma coisa começou a mudar no final dos anos 1990 e no início dos anos 2000, concomitantemente ao impulso e à democratização do desenvolvimento pessoal, das espiritualidades orientais ou da filosofia como sabedoria, mas também ao nascimento do movimento altermundialista e ao aparecimento de fóruns sociais, o desenvolvimento da consciência ecológica, a irrupção de numerosas iniciativas de solidariedade em escala planetária, como o microcrédito, a finança solidária, ou ainda, mais recentemente, o movimento dos indignados. Esses diversos movimentos são reveladores de uma necessidade de dar novamente sentido tanto à vida pessoal, por meio de um trabalho sobre si e um questionamento existencial, quanto à vida comum, por meio da recuperação dos grandes ideais coletivos.

Essas duas buscas aparecem, aliás, com frequência, intimamente ligadas. São em geral as mesmas pessoas que realizam um trabalho psicológico ou espiritual sobre elas mesmas que são sensíveis à ecologia, se engajam em associações humanitárias, participam de ações cidadãs, entre outros. A época da separação entre o militante político ou humanitário isento de qualquer preocupação de ordem espiritual e o meditador new age, unicamente preocupado em melhorar seu carma, já ficou, em grande parte, para trás. Para muitos, preocupações espirituais e planetárias, autointeresse e consciência do mundo estão entrelaçados. Certamente, trata-se aí de uma corrente até então minoritária. O individualismo narcísico e a ideologia consumista são ainda dominantes no Ocidente. Esses "fracos sinais", porém, surgidos nos quatro cantos do mundo, constituem uma alternativa coerente às lógicas destruidoras; eles mostram que a procura da felicidade individual não está necessariamente separada de sua inscrição na cidade e da preocupação com o bem comum.

Os dois caminham, efetivamente, juntos. Antes, vimos como a felicidade individual é contagiosa. Os pensadores utilitaristas anglo-saxões que pregam o "máximo de felicidade para o máximo de pessoas" (Bentham) também enfatizaram o fato de que ninguém poderia ser duravelmente feliz num mundo perigoso no qual a segurança dos bens e das pessoas não fosse garantida. Isso só pode acontecer numa sociedade em que as pessoas são felizes. O interesse de cada um reside, assim, na felicidade de todos.[7]

17. A busca da felicidade pode trazer a infelicidade?

Existe apenas um dever: ser feliz.[1]

Denis Diderot

Pascal Bruckner é muito mais convincente quando denuncia "o imperativo da felicidade", atacando nossas sociedades atuais, mostrando como, desde o fim da Segunda Guerra Mundial, a busca da felicidade progressivamente se transforma em injunção da felicidade. O "direito" à felicidade se transformou em "dever" e, consequentemente, em fardo. O homem moderno é "condenado" a ser feliz e "não pode culpar senão a si mesmo, se não o consegue. [...] Provavelmente, nós constituímos as primeiras sociedades da história a tornar as pessoas infelizes por não serem felizes. [...] À dramatização cristã da salvação e da perdição corresponde a dramatização laica do sucesso e do insucesso".[2]

De fato, a obsessão pela felicidade em geral é um obstáculo à felicidade. Inicialmente porque a sociedade mercantil nos ilude com muitas falsas promessas da felicidade ligadas ao consumo de objetos, à aparência física, ao sucesso social. Aqueles que sucumbem a isso passarão de desejos realizados a novos desejos insatisfeitos, logo, de frustração em frustração. E ainda porque o hedonismo contemporâneo costuma se praticar ao preço de uma penosa ascese. A felicidade, como antigamente a salvação, deve ser merecida. O sociólogo alemão Max Weber mostrou que a Reforma Protestante "tirou do mosteiro o ascetismo cristão e a vida metódica para colocá-los no seio da vida ativa do mundo".[3] O sagrado, a partir daí, se escreve com a gramática do profano: a disciplina respeitada pelos monges para assegurar a salvação transformou-se progressivamente em outra forma de sujeição: aquela com a qual cada um se compromete com vistas a alcançar a felicidade. A ascese do comerciante que trabalha dia e noite para enriquecer, figura ultramoderna do empreendedor capitalista puritano descrito por Weber. A ascese do corredor maratonista, do adepto assíduo das academias, de todos os desportistas de alto nível (o exercício físico aparece, aliás, frequentemente como o equivalente moderno dos exercícios espirituais dos Antigos). E, simplesmente, a ascese dos pais que fazem malabarismos entre profissões exigentes, filhos, hobbies, amigos, e acabam se esgotando ao querer realizar tudo.

Por fim, estudos americanos demonstraram que a infelicidade resulta geralmente do fato de se ter estabelecido objetivos muito elevados, que jamais se consegue alcançar... começando por querer ser feliz! Eles confirmam os trabalhos do pesquisador francês Alain Ehrenberg sobre "o cansaço de ser você mesmo". Cruzando a história da psiquiatria e da sociologia dos modos de vida, Ehrenberg mostrou que numerosas formas de depressão que afetam hoje o homem ocidental (cansaço crônico, insônia, ansiedade, estresse, indecisão) constituem o preço a ser pago pelo duplo imperativo de autonomia e de realização de si. Uma verdadeira "doença da responsabilidade", a depressão é o sintoma do indivíduo libertado das tutelas religiosas e sociais, que pretende, todavia, responder ao imperativo moderno de se realizar por si mesmo. "Em 1800", escreve o sociólogo, "a questão da pessoa patológica aparece com a polaridade loucura-delírio. Em 1900, ela se transforma com os dilemas da culpa, dilemas que dilaceram o homem, neurótico por suas tentativas de se libertar. No ano 2000, as patologias da pessoa são as da responsabilidade de um indivíduo que se libertou da lei dos pais e dos antigos sistemas de obediência e de conformidade com as regras exteriores. A depressão e o vício são como o avesso e o direito do indivíduo soberano."[4] Tal análise se aplica perfeitamente à moderna injunção à felicidade que pode tornar os indivíduos infelizes.

Seria preciso por isso não procurar ser feliz? A atitude justa, para o futuro, consiste em não esperar nada, em nada desejar, nada esperar? Em deixar a vida acontecer sem se estabelecer objetivos, sem perseguir um ideal que seja? Certamente, pode-se ser feliz sem nunca se perguntar sobre a felicidade, e às vezes até mesmo essa única pergunta pode complicar a existência. Uma amiga brasileira me disse ter vivido muito tempo despreocupada, satisfeita com sua vida. Depois, um dia, uma amiga que foi viver na França lhe perguntou: "Você é feliz?". E minha amiga concluiu: "Eu nunca tinha me feito essa pergunta e, de repente, perdi a alegria de viver, pois essa questão me atormentou!".

Ao mesmo tempo, como lembra o filósofo inglês David Hume, "o grande propósito de toda atividade laboriosa do homem é alcançar a felicidade. Com esse fim, as artes foram inventadas; as ciências, cultivadas; as leis, organizadas, e as sociedades, modeladas pela mais profunda sabedoria dos patriotas e dos legisladores".[5] Toda a história é feita de utopias e sonhos realizados por indivíduos e sociedades. Foi porque os humanos desejaram uma vida melhor e fizeram de tudo para consegui-la que se realizaram os grandes progressos da humanidade. O mesmo acontece com nossa vida pessoal: é porque queremos progredir, ser mais felizes, que nossa vida melhora e nos oferece cada vez mais satisfação. A obsessão da felicidade ou a busca de uma felicidade perfeita demais pode produzir o resultado inverso. A arte da felicidade consiste, pois, em não estabelecer objetivos elevados demais, inatingíveis, massacrantes. É bom graduá-los, atingi-los por etapas, perseverar sem se estressar, sabendo às vezes soltar-se e aceitar os fracassos e os acasos da vida. É o que Montaigne e os sábios taoistas chineses compreenderam bem e explicaram: deixar a atenção se exercitar sem esforço; nunca enfrentar uma situação com o objetivo de forçá-la; saber agir e não agir. Em resumo, esperar a felicidade e persegui-la, mantendo-se maleável, paciente, sem expectativas desmedidas, sem irritação, com o coração e o espírito sempre abertos.

18. Do desejo ao tédio: a felicidade impossível

> *A vida, portanto, oscila como um pêndulo, da direita para a esquerda, do sofrimento ao tédio.*[1]
>
> Arthur Schopenhauer

O objetivo da seleção natural é a sobrevivência da espécie, não a felicidade dos indivíduos. Para nos adaptar e sobreviver, desenvolvemos três capacidades que constituem outros tantos obstáculos à felicidade individual:

O *acostumar-se* é uma qualidade adaptativa que permite suportar algo doloroso e repetitivo. Ele apresenta, todavia, dois inconvenientes: podemos nos habituar a certa infelicidade e não mais procurar ser felizes; inversamente, podemos nos habituar ao bem-estar e não ter mais consciência da felicidade.

Esse fenômeno é acentuado pelo fato de que, a fim de melhor nos defendermos dos perigos, percebemos mais os acontecimentos *negativos* do que os positivos. Nosso cérebro é feito para localizar os problemas e se concentrar neles em vez de nos demorar nos acontecimentos positivos.

Finalmente, a *insatisfação* nos faz procurar sempre melhor e sempre mais: foi assim que o ser humano procurou incessantemente melhorar sua sorte. Ora, essa qualidade adaptativa corre o risco de ser obstáculo à felicidade quando nos revelamos perpétuos insatisfeitos.

Insistamos nesse último ponto, seguramente o mais importante, o que reteve a atenção de todos os filósofos levados a refletir sobre a questão da felicidade. A saciedade de uma necessidade ou de um desejo nos traz, certamente, uma real satisfação: estou com fome, fico feliz em comer; uma criança quer um brinquedo e fica satisfeita em tê-lo; um assalariado fica feliz por obter uma promoção há muito desejada etc. Mas essas satisfações são de curta duração, pois logo surgem novas vontades. "Enquanto o objeto de nossos desejos permanece distante, ele nos parece superior a todo o resto; ele nos pertence, desejamos outra coisa, e a mesma sede da vida nos mantém sempre na expectativa", observa justamente o filósofo romano Lucrécio complementando Epicuro.[2] O ser humano é um perpétuo insatisfeito que, desse modo, pula de desejo em desejo. Podemos, por conseguinte, identificar, como Kant, a verdadeira felicidade — quer dizer, uma felicidade profunda, durável, total — à satisfação de todos os nossos desejos e de todas as nossas aspirações: "A felicidade é a satisfação de todas as nossas inclinações tanto em extensão, ou seja, em multiplicidade, quanto em intensidade, ou seja, em grau, e em pretensão, ou seja, em duração".[3] Mas semelhante felicidade não pode, evidentemente, existir, e Kant conclui logicamente que a felicidade na terra é inacessível. Como vimos, ele situa, acompanhando Platão, a felicidade no além. Para as almas nobres e retas, a verdadeira felicidade neste mundo será sempre esperar; não se pode persegui-la, mas ser digno dela pela ação virtuosa ou pela santidade da vida.

Schopenhauer compartilha do ceticismo kantiano em relação à felicidade terrestre:

> A satisfação de desejo algum pode oferecer contentamento durável e inalterável. É como a esmola que atiramos a um mendigo: ela lhe salva a vida hoje para prolongar sua miséria até amanhã. Enquanto nossa consciência estiver preenchida com nossa vontade, enquanto estivermos subordinados ao estímulo do desejo, às esperanças e aos temores contínuos que ela faz nascer, enquanto estivermos submetidos ao querer, não há para nós nem felicidade durável, nem repouso.[4]

Diferentemente de Kant, porém, Schopenhauer não acredita na bem-aventurada vida eterna no além. Resulta daí um pessimismo ainda mais radical, como o filósofo observa, quando todos os nossos desejos estão satisfeitos, mesmo com moderação, tornamo-nos indiferentes! Os tormentos do desejo nos fazem sofrer, a calma da satisfação nos mergulha no tédio: "A vida oscila, portanto, do sofrimento ao tédio".[5] A felicidade é para ele um fim inacessível e pode ser experimentada, de modo imperfeito, apenas numa atividade criadora, continuamente fonte de novidade para o artista. Finalmente, ela não pode ser apreendida senão de modo negativo, ele conclui: a satisfação ou o contentamento são apenas interrupção de uma dor ou de uma privação. Com a experiência, afirma Schopenhauer, "paramos de procurar a felicidade e o prazer e nos preocupamos unicamente em escapar, tanto quanto possível, à dor e ao sofrimento. [...] Vemos que o melhor que podemos encontrar no mundo é um presente sem sofrimento, que podemos suportar pacificamente".[6]

Para vários pensadores modernos, a definição da felicidade para aí: um instante de alívio entre dois momentos de sofrimento. É notadamente o caso de Freud: "O que chamamos de felicidade, no sentido mais restrito, resulta antes de uma satisfação repentina de necessidades que atingiram uma alta tensão, e só é possível, por sua natureza, sob a forma de fenômeno episódico".[7]

No fundo, a definição da felicidade segundo Kant, Schopenhauer e Freud mantém-se em conformidade com nosso ego: que o mundo se dobre aos nossos desejos. Daí seu caráter ilusório. Mas ela ignora a capacidade de nosso espírito de abandonar esse modo de funcionamento para nos fazer desejar "o que é". O espírito assim esclarecido compromete a vontade de amar a vida tal como ela é, não tal como a desejaríamos que fosse. Nisso reside o extraordinário desafio da sabedoria, quer seja do Oriente, quer do Ocidente.

19. O sorriso de Buda e de Epiteto

O que atormenta os homens não é a realidade, mas as opiniões que eles têm dela.[1]

EPITETO

Não são as coisas que te prendem, mas teu apego às coisas.[2]

TILOPA

Quer na Índia, quer na Grécia, determinado número de sábios afirma ter encontrado uma saída para o impasse do homem que procura adaptar o mundo aos seus desejos: invertendo a problemática, o sábio procura adaptar seus desejos ao mundo. Ele visa dominá-los, limitá-los, na verdade, neutralizá-los para ajustar-se ao real. Ele pode, assim, ficar satisfeito com sua vida, quaisquer que sejam os fatos exteriores que sobrevenham e possam afetá-lo. Dito de outra forma, a felicidade do sábio não depende mais dos acontecimentos sempre aleatórios que emanam do mundo que lhe é exterior (saúde, riqueza, honrarias, reconhecimento, por exemplo), mas da harmonia de seu mundo interior. Foi porque soube encontrar a paz nele mesmo que ele é feliz. Em vez de querer mudar o mundo, o sábio concentra seus esforços em mudar a si mesmo. Sua felicidade é imanente: ele se realiza neste mundo, num mundo tal como é, no mais íntimo dele mesmo.

É por essa reversão que a felicidade se torna possível. O obstáculo à felicidade não é a realidade, mas a representação que fazemos dela. Uma mesma realidade pode ser percebida de maneiras diferentes por duas pessoas: uma se felicita por ela, a outra fica infeliz. Um dado indivíduo pode perceber uma grave doença como um terrível golpe do destino, enquanto outro, para além da dor presente, verá nela uma oportunidade para questionar, mudar isto ou aquilo em sua vida, e não perderá a paz interior. Diante de uma agressão, alguns sentirão ódio, um desejo de vingança, enquanto outros não experimentarão nenhum ressentimento: "Quantos malvados eu mataria? Seu número é infinito, como o espaço. Ao passo que, se eu matar o espírito de ódio, todos os meus inimigos são mortos ao mesmo tempo", escreve o sábio budista Shantideva em *La marche vers l'Éveil* [A marcha para o Despertar]. E o sábio estoico Epiteto, por sua vez, afirma igualmente: "Lembra-te de que o que te prejudica não é que te insultem ou batam, mas a opinião que tens de que te prejudicaram. Logo, se alguém te encolerizou, saiba que é teu próprio julgamento o responsável por tua cólera".[3]

De fato, sempre me impressionei com as semelhanças entre budismo e estoicismo. Mais recentemente, porém, também fiquei intrigado com as similaridades existentes entre as sabedorias, mais flexíveis e na medida humana, de Montaigne e dos sábios taoistas Lao-tsé e Chuang-Tzu, ou ainda das alegres e não dualistas, de

Spinoza e do *Advaita Vedanta* da Índia tal como foi vivida, por exemplo, na época contemporânea pela mestra Ma Anandamayi.

São, portanto, esses três grandes caminhos de sabedoria — transmutação do desejo, acompanhamento flexível da vida, libertação alegre do eu — que encontramos tanto no Oriente quanto no Ocidente, que eu gostaria de evocar nos três próximos capítulos para responder ao pessimismo dos modernos. Como alcançar a felicidade profunda que a sabedoria promete? A primeira via, proposta pelo budismo e pelo estoicismo, é sem dúvida a mais radical: ela pretende atacar a origem do problema, sugerindo eliminar a sede, o apego.

A sabedoria estoica nasceu em Atenas num contexto de crise política e religiosa que não deixa de se assemelhar à que atravessamos atualmente na Europa. Desestabilizados pelas conquistas de Alexandre, o Grande, as cidades gregas perderam o sentimento de superioridade que tinham sobre o restante do mundo, e também foram perturbadas por forte impulso da razão crítica que provoca a perda da autoridade da religião tradicional. Faz-se sentir a necessidade de uma nova linguagem religiosa, mais conforme aos progressos da razão, e é assim que aparecem escolas de sabedoria que, ou deixam de lado os deuses antropomorfos (Epicuro), ou os substituem por figuras de um Deus único acessível pela razão (Aristóteles), ou então ainda por uma concepção panteísta e imanente que identifica o divino ao cosmos. Esta última visão é a dos estoicos.

O nome da nova escola vem da palavra grega *stoa*, o pórtico debaixo do qual ensinava seu fundador, Zenão de Cítio (335 a.C.-264 a.C.). Simples mercador originário de Chipre, Zenão se tornou "estoico", "homem do pórtico". Rompendo com o caráter aristocrático do ensino de Platão, ou de Aristóteles, reatando com a figura socrática, Zenão pretendia levar a filosofia para a rua. Desprezado pelas elites intelectuais porque não era grego, rapidamente ele tocou o povo pela força de sua palavra e seu modo de vida simples. Dirigindo-se a todos — cidadãos, escravos, homens e mulheres, gregos e metecos, homens cultos e analfabetos —, fundou uma escola que iria exercer uma enorme influência sobre o conjunto do mundo grego e romano durante mais de sete séculos.

O fundamental da doutrina estoica foi escrito pelo principal discípulo de Zenão, Crisipo, em meados do século III a.C. Quais são suas linhas de força?

A primeira ideia maior é que o mundo é *um* (tudo é ao mesmo tempo matéria, espírito, divino) e pode ser concebido como um grande corpo vivo, respondendo às mesmas leis naturais, povoado de correspondências (hoje, diríamos, de conexões). A segunda é que o mundo é racional: o *logos* (razão) divino o sustenta de um lado ao outro, e cada ser humano participa, por seu *logos* pessoal, do *logos* universal. A terceira é que existe uma lei de necessidade imutável, de causalidade universal, fixando o destino de todos os indivíduos. Finalmente, a quarta afirma a bondade do mundo: tudo o que acontece sobrevém para o melhor a todos os seres (considerando-se a extraordinária complexidade do cosmos e da vida), mesmo que não tenhamos consciência e que vivamos com a impressão de um mal aparente. De tal concepção do mundo decorre que a felicidade do homem reside na aceitação daquilo que é, em uma atitude de adesão à ordem cósmica.

Epiteto viveu em Roma no século I d.C. Com Sêneca e Marco Aurélio, ele é incontestavelmente um dos melhores divulgadores da sabedoria estoica e também um modelo perfeito de sábio, e foi venerado como tal em vida por uma multidão de discípulos. Ex-escravo que se tornou filósofo, manco, humildemente vestido, ele vivia em um casebre miserável e ensinava o desapego aos homens e mulheres de todas as condições. Expulso da Itália, quando estava com quarenta anos, por um édito de Domiciano, hostil aos filósofos, e refugiou-se em Nicópolis e ali fundou uma escola. Como Sócrates, Jesus ou Buda, decidiu não escrever nada, mas seu discípulo Arriano resumiu seus ensinamentos nos *Discursos* que ele condensará ainda mais no pequeno *Manual* que exprime a quintessência da filosofia estoica: dominar-se e suportar a adversidade, distinguindo o que depende de si, aquilo sobre o que se pode atuar, do restante, diante do que se é impotente.

Epiteto usa dois exemplos impressionantes para explicar melhor sua filosofia. Inicialmente, o de uma charrete à qual um cão está amarrado. Embora resistindo, o animal será de qualquer modo obrigado a seguir a charrete puxada por um cavalo forte e sofrerá terrivelmente com seus esforços para evitar o inevitável. Mas se ele aceitar sua situação, esposará o movimento e a velocidade da charrete e chegará são e salvo a seu destino, sem cansaço ou sofrimento. O mesmo acontece com o ser humano cuja vontade deve identificar-se com a necessidade do destino. Não nos cabe escolher o que não depende de nós: opiniões, desejos, aversões. Para melhor se fazer compreender, Epiteto utiliza ainda a imagem de um ator: ele não escolhe nem seu papel – um mendigo ou um nobre, um homem doente ou saudável etc. –, nem a extensão da peça, mas está inteiramente livre para interpretar. Ele pode representar bem ou mal; representar com prazer, se o papel lhe convém, ou hesitante ou aborrecido, caso não goste dele. "Não esperes que os acontecimentos ocorram como tu desejas; escolhe querer o que acontece contigo e serás feliz",[4] conclui o filósofo. E ele cita muitos outros exemplos da atitude a se tomar quando somos contrariados ou perturbados pelos acontecimentos exteriores:

Diante de tudo o que te acontece, pensa em voltar para ti mesmo e procura que faculdade possuis para enfrentar isso. Vês um bonito rapaz, uma moça bonita? Encontra em ti a temperança. Sofres? Encontra a resistência. Insultam-te? Encontra a paciência. Exercitando-te assim, não serás mais o brinquedo de tuas representações.[5]

A sabedoria estoica considera que o desejo afeta a alma e a submete: é uma "paixão" da alma. Os estoicos substituem o desejo pela vontade, movida pela razão (*logos*), que transforma nossos desejos cegos em movimentos voluntários e ponderados. O desejo instintivo, inteiramente orientado para o prazer, é banido em proveito da vontade lúcida e racional que leva à felicidade, já que a vontade assim concebida engendra apenas atos virtuosos e elimina os desejos que podem perturbar a tranquilidade da alma. O estoicismo é, portanto, uma filosofia *voluntarista*, que exige um perfeito domínio de si. Estritamente falando, aliás, os estoicos não pretendem aniquilar os desejos, mas convertê-los em vontade submetida à razão.

Os dois objetivos visados pela sabedoria estoica são a tranquilidade da alma (*ataraxia*) e a liberdade interior (*aurtakeia*). Como vimos, esta consiste em fazer coincidir nossa vontade com a ordem cósmica: sou livre quando quero o que acontece por necessidade. Assim, não me lamento, não me debato, não experimento mais nenhum ressentimento; ao contrário, me alegro com tudo e preservo, em todas as circunstâncias, minha paz interior.

Para obter melhor resultado, os estoicos analisaram, com notável detalhamento psicológico, as muitas paixões humanas: enumeraram 67, distribuídas em 31 desejos (dentre os quais seis cóleras), 22 tristezas, treze medos e seis prazeres. Mas, principalmente, eles praticavam exercícios espirituais. O mais conhecido é a vigilância (*prosoché*): uma atenção a cada instante que permite adotar a atitude apropriada logo que surge um acontecimento exterior ou uma emoção interior. "Viver o presente" é um dos principais preceitos da prática estoica que ensina a evitar toda fuga para o passado, toda evasão para o futuro, em expulsar todo medo, bem como toda esperança, em se concentrar no instante, em que tudo é suportável e transformável, em vez de se deixar afundar pelos medos, pelas angústias, as cóleras, as tristezas ou os desejos suscitados por nossa imaginação.

Outro exercício importante, que me parece um pouco contraditório em relação ao anterior: a antecipação dos acontecimentos desagradáveis — a *præmeditatio malorum*, de que fala Cícero —, que consiste em representar algum acontecimento desagradável suscetível de ocorrer, a fim de "desdramatizar" antecipadamente a situação pela reflexão e se preparar para tomar a atitude mais apropriada se o dito acontecimento vier a ocorrer.

Os estoicos preconizam também o exame de consciência cotidiano, em especial a fim de medir o progresso realizado dia após dia, e a meditação. Esta é essencialmente concebida como uma "ruminação", uma memorização da doutrina, a fim de não ser apanhado de surpresa quando surgir uma perturbação ou um episódio contrariante. É o motivo pelo qual o estoicismo tardio — *grosso modo*, o da Roma imperial — desinteressou-se um pouco de todos os fundamentos teóricos da escola, em proveito dos *conselhos práticos* que ajudam a viver, e que os discípulos repetiam incessantemente. O estoicismo romano fervilha de manuais, de pensamentos, de conversas, de cartas e de máximas que propõem sentenças breves e marcantes, destinadas a apoiar os iniciantes. Quer se trate do *Manual*, ou do *Discursos* de Epiteto, das *Cartas* de Cícero ou de Sêneca, dos *Pensamentos* de Marco Aurélio, esses textos tiveram uma excepcional posteridade na medida em que podem ser compreendidos e utilizados em um quadro teórico que não o proposto pelo estoicismo. Dos pais da Igreja a

Schopenhauer, passando por Montaigne, Descartes, Spinoza, as sentenças estoicas jamais deixaram de irrigar a doutrina cristã e a tradição filosófica ocidental.

Todavia, alguns séculos antes do nascimento do estoicismo, surgia na Índia outra sabedoria que teria quase o mesmo discurso: o budismo. Antes de voltarmos às semelhanças evidentes entre as duas correntes de sabedoria, vejamos os fundamentos do segundo e como se apresenta para ele a questão da felicidade.

Sidarta Gautama viveu no século VI a.C. Seu pai era o chefe de modesto clã do Norte da Índia, e ele teve uma infância protegida. Casou-se, teve um filho, e, por volta dos trinta anos, teve quatro encontros que alteraram sua vida: cruzou com um doente, um velho, um morto e um asceta. De repente, percebeu que a dor era o destino da humanidade, e ninguém, rico ou pobre, poderia escapar dela. Abandonou, então, o palácio do pai, abandonou a família e partiu em busca de um caminho espiritual que lhe permitisse escapar dessa condição sofrida. Depois de ter vagado por cinco anos nas florestas, entregando-se a práticas ascéticas extremas, sentou-se ao pé de uma figueira e entrou em meditação profunda. Foi então, segundo a tradição budista, que ele alcançou o Despertar: uma plena compreensão da natureza das coisas e um estado de libertação interior. Em seguida, dirigiu-se ao Parque das Gazelas, perto de Benares, onde encontrou cinco dos antigos companheiros ascetas e lhes dispensou um longo ensinamento: o célebre discurso "Iniciando o movimento da roda do *dharma*", que exprime a quintessência de sua doutrina.

Essa doutrina cabe em quatro frases lapidares (as Quatro Nobres Verdades) construídas a partir da palavra *dhukka*, que se traduz como "sofrimento", mas que não se pode compreender na acepção de dor passageira, mas de infelicidade durável, ligada à fragilidade interior que nos torna receptivos e vulneráveis a todo acontecimento exterior desagradável: doença, pobreza, velhice, morte. O que diz, então, Buda? A vida é *dhukka*. A origem da *dhukka* é a sede, compreendida no sentido de desejo/apego. Existe um meio de suprimir essa sede, logo, a *dhukka*: esse meio é o Nobre Caminho Óctuplo, ou Caminho dos Oito Elementos justos. Cada uma dessas formulações, que constituem a base comum do budismo em suas diferentes escolas, merece ser, de algum modo, explicitada.

A primeira verdade estabelece a constatação da não satisfação. É o sintoma da doença que Buda enuncia em sete experiências: o nascimento é sofrimento, a velhice é sofrimento, a morte é sofrimento, estar unido ao que não se ama é sofrimento, estar separado do que se ama é sofrimento, não saber o que se deseja é sofrimento, os cinco grupos de apego são sofrimento. Em outras palavras, o sofrimento é onipresente. Reconhecer o princípio primeiro da não satisfação é admitir que não podemos submeter o mundo aos nossos desejos. Essa constatação lúcida, objetiva, é um primeiro passo para o Caminho.

A segunda verdade é um diagnóstico feito sobre a causa do sofrimento. Segundo Buda, é o desejo, a sede, a avidez, o apego que acorrentam o ser ao *samsara*, a ronda incessante das mortes e dos renascimentos, ela mesma tributária da lei universal de causalidade que rege o cosmos: o *karma* (cada ato produz um efeito).

A terceira verdade afirma que a cura é possível: é, para alcançar o esgotamento completo dessa sede, a possibilidade que o homem possui de renunciar à tirania do desejo/apego, de se emancipar dele.

A quarta verdade fornece o remédio: é o "Caminho Óctuplo" que conduz à cessação do sofrimento, ao *nirvana* (estado de felicidade absoluta, ligado à extinção da sede e ao conhecimento da verdadeira natureza das coisas). Seus oito componentes são a compreensão justa, o pensamento justo, a palavra justa, a ação justa, o meio de existência justo, o esforço justo, a atenção justa e a concentração justa. Esses oito elementos correspondem tradicionalmente a três disciplinas: a conduta ética, a disciplina mental, a sabedoria. Ao reiterar o termo "justo", Buda define o que se chama de "Caminho do meio". Ele teria assim começado seu primeiro discurso:

> Um monge deve evitar dois extremos. Quais? Apegar-se aos prazeres dos sentidos, o que é baixo, vulgar, terrestre, ignóbil e engendra consequências ruins, e se entregar a mortificações, o que é doloroso, ignóbil e engendra consequências ruins. Evitando esses dois extremos, ó monges, Buda descobriu o Caminho do meio que dá a visão, o conhecimento, e leva à paz, à sabedoria, ao despertar e ao *nirvana*.

Para compreender como o homem pode ter acesso a essa sabedoria última, é importante compreender bem o que é o eu, em outras palavras, o princípio que produz e acumula o *karma* (a lei da causalidade de todas as nossas ações), que se engaja na roda do *samsara* e que, um dia, nesta vida ou em outra, se libertará dele talvez para ascender ao *nirvana*. Buda define o eu como uma combinação sempre movente de cinco conjuntos em constante fluxo, que se declina assim: o conjunto do corpo (ou da matéria), o das sensações, o da percepção, o das formações do espírito (emoções, impulsos, vontades) e, finalmente, o da consciência. Tomando a visão oposta do hinduísmo, ele nega a existência de um eu permanente, o *atma* — espécie de equivalente oriental da alma —, no qual não vê senão uma projeção mental. Ele prega, ao contrário, a doutrina do *anatman*, o não eu.

Ora, a atividade de nosso ego se apossa desses conjuntos para nos dar a ilusão de uma identidade estável, de um eu permanente. A prática budista visa justamente nos desfazer dessa ilusão, "soltar o ego", acessar por aí a compreensão da natureza última do espírito: um estado luminoso de puro conhecimento que escapa a todo condicionamento, que a tradição budista do Mahayana (Grande Veículo) chama de "a natureza de Buda".

O *samsara* não é, portanto, uma condição objetiva da realidade: o mundo não é em si sofrimento. Mas, em consequência de nossa ignorância, estamos no *samsara*, numa percepção errônea da realidade, ligada ao ego e ao apego. O conhecimento da verdadeira natureza das coisas libera o espírito dos erros de percepção e das emoções negativas. Essa liberação consiste em tomar consciência de nossa verdadeira natureza, a de Buda que dormita em nós e que devemos despertar.

É descobrindo, pela experiência do Despertar, essa verdadeira natureza do espírito que podemos não mais ser movidos pelo ego e ascender assim a uma felicidade estável, permanente, já que o desejo insaciável que produz o sofrimento está ligado ao funcionamento do ego. A tradição budista utiliza a palavra sânscrita *sukka* para designar a felicidade no sentido em que eu a compreendo aqui: paz e harmonia profunda do espírito que se transformou e que não é mais subordinado aos acasos dos acontecimentos agradáveis ou desagradáveis da vida.

Do mesmo modo que para os estoicos, seria redutor afirmar que o budismo incita à renúncia a todo desejo. O desejo que ele propõe abolir é o que cria o apego (*tanha* em sânscrito), encorajando o desejo nobre de se melhorar, de progredir na via da compaixão, do impulso para o bem (*chanda* em sânscrito).

É longa a lista dos pontos comuns entre essas duas correntes de sabedoria do Oriente e do Ocidente.[6] Ambas constatam que a dor está ligada à agitação, à perturbação do espírito, e propõem um caminho que conduza a uma felicidade verdadeira, assimilada a uma paz interior profunda e alegre, à serenidade, ao repouso do espírito. Elas convidam os indivíduos a transformar a si mesmos por um conhecimento e um esforço interiores, a adotar uma conduta ética justa, pregando um equilíbrio de vida entre os extremos. Propõem uma análise muito detalhada das emoções e dos sentimentos, bem como um grande número de exercícios espirituais a fim de controlar as paixões, de desenvolver a acuidade e o domínio sobre o espírito, de não mais ser o brinquedo de suas representações.

Mas suas semelhanças não se limitam à psicologia humana e ao caminhar espiritual. Elas também são impressionantes em sua compreensão filosófica do mundo. Ambas têm uma concepção cíclica do tempo: o universo conhece permanentemente ciclos de nascimento, de morte e de renascimento. Ambas insistem também no movimento e na impermanência de todas as coisas (os estoicos se apoiam na doutrina do devir de Heráclito, segundo a qual tudo flui, nunca nos banhamos duas vezes no mesmo rio); sobre a unidade do homem e do mundo e sobre a presença no homem de uma dimensão cósmica (divina para os estoicos) que constitui sua verdadeira natureza: aqui, a natureza de Buda; lá, o *logos*. Eles creem que as coisas advêm por necessidade, em razão de uma lei de causalidade universal (*karma* ou destino). Mas declaram também a liberdade possível de um trabalho sobre o espírito e uma justa representação das coisas. É talvez sobre este último ponto que poderíamos circunscrever a diferença mais notável entre estoicos e budistas: estes, vimos, negam a substância do eu, enquanto os estoicos mantêm a ideia de um princípio individual permanente, mesmo que este, o *logos*, não seja senão uma parcela do *logos* universal ao qual voltará a se unir após a morte do indivíduo.

Com frequência, no Ocidente, o budismo e o estoicismo foram criticados por serem escolas da passividade, concentradas na mudança individual, mas não suficientemente na mudança social. Trata-se de uma visão superficial que desconhece o impacto histórico determinante que tiveram as duas grandes filosofias sobre o destino do mundo. Ao recusar distinguir os indivíduos a partir de seu pertencimento familiar, clânico, social, religioso, mas considerando que todo ser humano pode ascender ao Despertar ou à ataraxia por um trabalho sobre si mesmo, elas introduziram uma extraordinária revolução dos valores. Para elas, o que é digno não é a categoria social, mas a virtude. Aquele que convém admirar e imitar não é o monarca e o aristocrata, nem mesmo o sacerdote, mas o sábio, aquele que soube se tornar mestre de si mesmo. Elas mostraram que o indivíduo não era uma engrenagem no seio de uma comunidade, e ao insistir sobre a igual dignidade dos humanos, todos dotados da mesma natureza fundamental, fundaram a ideia de um homem universal, para além das culturas, e trouxeram ao mundo uma visão social profundamente subversiva.

O budismo logicamente recusou o sistema das castas, o que o fez ser abolido da Índia. Quanto ao estoicismo, ao proclamar a igualdade ontológica de todos os humanos, portadores do mesmo *logos* divino, ele rompeu com o fechamento aristocrático do pensamento grego e preparou terreno para o igualitarismo bem como para o universalismo cristão, mais moderno.

> Se o poder de pensar nos é comum a todos, assim escreve Marco Aurélio, então a razão [*logos*] nos é igualmente comum e, por ela, e por causa dela, somos seres racionais. Se é assim, a razão nos é igualmente comum e nos dita nosso dever. Se é assim, a lei também nos é comum. Se é assim, somos cidadãos. Se é assim, somos membros iguais de uma

comunidade. Se é assim, o universo é por assim dizer uma cidade. Pois de que outra comunidade o conjunto da raça humana pode ser cidadã?[7]

Mais de 2 mil anos antes da Declaração Universal dos Direitos Humanos, os estoicos são os inventores do cosmopolitismo, ideia segundo a qual todos os seres humanos são cidadãos do mundo e também iguais em direitos. Quanto ao budismo, ele certamente é a sabedoria do Oriente mais disposta a compreender tal mensagem, que lhe é consubstancial.

Essas fortes semelhanças entre budismo e estoicismo e sua modernidade explicam por que essas duas grandes sabedorias ainda nos tocam quase 2500 anos depois de seu surgimento. Ao mesmo tempo, podemos considerá-los os melhores antídotos ao individualismo narcísico de nossa época: pois se elas exortam o indivíduo à liberdade e à autonomia, não é por meio da satisfação de todos os seus desejos, mas, de modo radicalmente inverso, por meio do domínio de si e do desapego. Enquanto pregamos a liberdade do desejo, elas nos ensinam a nos libertar do desejo. Atitude salutar, mas difícil de realizar. Os estoicos tinham consciência do caráter quase que sobre-humano da sabedoria à qual aspiravam; nem por isso eram menos interessados em tentar alcançá-la como uma norma permanente de suas ações.

20. O riso de Montaigne e de Chuang-Tzu

Nossa grande e gloriosa obra-prima é viver adequadamente.[1]

MONTAIGNE

O riso daquele que alcançou a felicidade é sem motivo.[2]

CHUANG-TZU

O caminho proposto pelo budismo e pelo estoicismo para alcançar a sabedoria é árduo. A felicidade, a paz interior, a serenidade vêm da supressão dos desejos ou da conversão a um querer racional, o que não é pouca coisa. É também um caminho que pode ser muito longo: a tradição budista explica que são necessárias numerosas vidas para alcançar o Despertar! Não sabendo bem onde estamos no caminhar cármico secular, e não sendo obrigatoriamente chamados a orientar toda a nossa nova vida em vista da aquisição dessa sabedoria última, consideremos outro caminho para a felicidade que poderá nos parecer mais acessível. Um caminho numa medida mais humana, que valorize mais os prazeres simples da vida, sem por isso renunciar ao princípio fundamental da sabedoria segundo o qual o homem deve aprender a ajustar seus desejos ao mundo, e não o contrário.

Outros sábios da Antiguidade de fato propuseram uma solução menos radical que a do budismo e do estoicismo, que leva em conta o caráter bom e natural da maioria dos desejos humanos. Como já citamos, é o caminho dos prazeres moderados, defendido por Aristóteles e Epicuro. Os prazeres são bons em si, só é necessário regulá-los por meio da razão: então o bem supremo, a felicidade, pode levar a um estado de prazer durável. Numa perspectiva bastante próxima, um escritor e pensador francês do século XVI, Michel de Montaigne, vai abrir um caminho de sabedoria feliz, modesta, conforme a natureza de cada um, o que tem uma semelhança surpreendente com os sábios chineses taoistas, particularmente Chuang-Tzu, principal fundador do taoismo filosófico como Lao-Tzu.

Poderíamos resumir essa sabedoria em poucas palavras: nada é mais precioso que a vida, e para ser feliz basta aprender a amar a vida e gozá-la com justeza e flexibilidade, segundo a natureza própria de cada um. Chuang-Tzu e Montaigne têm também um traço em comum: o humor. Esses dois céticos caçoam dos dogmatismos, gostam de contar anedotas pitorescas, zombam dos vaidosos, sabem rir de si mesmos e de seus semelhantes.

Descendente de comerciantes bordelenses, Pierre Eyquem se torna, em 1519, senhor de Montaigne, castelo e domínio adquirido por seu avô. É ali que nasce, em 1533, Michel, que vai receber o nome de Montaigne. Pierre se torna prefeito de Bordeaux quando Michel está com 21 anos. Dotado de natureza amável e brincalhona, o rapaz inicia seus estudos de direito e se torna conselheiro no Parlamento de Bordeaux, onde conhece Étienne de La Boétie, o grande amigo de sua vida, que morrerá prematuramente cinco anos após terem se encontrado. Casa-se aos 32 anos com Françoise de la Chassaigne, que lhe dará seis filhas, das quais apenas uma sobreviverá: Léonore. Com a morte do pai, Michel se torna o proprietário e senhor de Montaigne. Aos 38 anos, retira-se em seu castelo para iniciar a redação de seus *Ensaios*, publicados nove anos depois, em 1580. Nesse mesmo ano, ele começa uma viagem de catorze meses pela Alemanha e pela Itália, de onde volta para se tornar prefeito de Bordeaux, cargo para o qual foi eleito em sua ausência. Embora reeleito, ele o abandona em 1585 para se dedicar à reedição de seus *Ensaios*, nos quais trabalha até sua morte, em 1592, aos 59 anos.

Essa vida aparentemente pacífica se desdobra num contexto histórico particularmente violento e perturbado — epidemias, fome, guerras de religião — que exerce forte influência em seu pensamento.

Montaigne leu a maioria dos sábios da Antiguidade, em especial os estoicos que ele cita com frequência. Contudo — diz ele abertamente —, sente-se inteiramente incapaz de seguir esse caminho, pelo menos em sua radicalidade. Ele exprime igualmente sua admiração por Sócrates, mas para afirmar que teria preferido fugir, sem hesitar, a obedecer à lei injusta que o condenava a morrer: "Se [as leis] me ameaçassem somente a ponta do dedo, eu iria de imediato procurar outras, onde quer que fosse".[3] Para Montaigne, os sábios são certamente admiráveis, e precisamos de seus exemplos, mostrando-nos o ideal da sabedoria, mas eles não são imitáveis para cada um individualmente. Sua posição sobre esse assunto, como sobre muitos outros, continuou progredindo, como mostra a evolução de seu pensamento nos *Ensaios*, única obra que escreveu e que condensa em três volumes sua vida e suas reflexões sobre si mesmo, o mundo, a sociedade, os homens e os animais, a vida e a morte. Escreve no francês de sua época; sua leitura nem sempre é fácil, apesar do extraordinário sabor da língua. Ela guarda, contudo, tesouros de sabedoria e de humanidade.

A relação que Montaigne mantém com a morte dá um excelente exemplo da evolução de seu pensamento. Inspirando-se numa fórmula de Cícero, ele intitula o capítulo XX do primeiro volume dos *Ensaios* de "Que filosofar é aprender a morrer", e ali oferece uma verdadeira lição de filosofia estoica: contrariamente ao habitual, "não tenhamos nada de tão presente na cabeça como a morte" a fim de nos acostumar a ela, e não mais temê-la quando ela vier.[4] Mas, no fim da vida, quando ele redige o capítulo XII do terceiro livro, confessa que, afinal, parece-lhe preferível não ter, como os camponeses que ele observa, nenhum pensamento de morte. A morte finalmente não é senão a "extremidade", o "fim" da vida, não seu "alvo", nem seu "objetivo". Em resumo, a vida é mesmo muito preciosa para que se pense em outra coisa a não ser nela.

Montaigne admira Cristo tanto quanto Sócrates, mas ele também considera o ideal evangélico excessivamente elevado: julga-se incapaz de dar sua vida, e mesmo seus bens, e também se apiedar dos males de outrem. Está à procura de uma sabedoria ao seu alcance, na medida de suas forças. "Não sou filósofo", ele escreve. "Os males me corroem tanto quanto me pesam."[5] Ele procura evitar os inconvenientes, as polêmicas inúteis, as situações delicadas, as complicações. Esforça-se por não pensar no que o aborrece, não ruminar suas preocupações, mas se alegrar com os prazeres miúdos da vida e não pensar, tanto quanto possível, senão no que o alegra.

Essa sabedoria do cotidiano, Montaigne pratica tanto na sua vida íntima quanto na profissional. Em política, ele maneja a arte do compromisso, evita o confronto e considera que seu papel consiste mais em encontrar os arranjos necessários do que em oferecer grandes projetos, ou em querer perturbar a ordem das coisas. Na vida íntima como na política, uma coisa lhe parece certa: convém evitar grandes paixões, as que perturbam o espírito, levam às ilusões do ilimitado e conduzem às ações extremas.

Se Montaigne prega assim um caminho modesto e limitado, é porque ele está à procura de uma sabedoria na sua medida, quer dizer, *conforme sua natureza*, conforme o que ele é, ele, Michel de Montaigne. Nesse ponto, chegamos ao que há de mais original e também de mais profundo em seu pensamento. Pois o que ele critica nas grandes escolas da Antiguidade não é apenas o caráter quase inacessível de seu ideal, é também a sistemática de suas doutrinas, consideradas aplicáveis a todos. Ora, Montaigne está convencido de que cada indivíduo deve poder encontrar nele mesmo o caminho da felicidade que lhe convém, em função do que ele é, de seu caráter, de sua sensibilidade, de sua constituição física, de suas forças e de suas fraquezas, de suas aspirações e de seus sonhos. Montaigne baseia essa crítica do *dogmatismo* das grandes escolas filosóficas num profundo ceticismo herdado dos gregos, notadamente no pirronismo. É na "Apologia de Raymond Sebond" que ele expõe suas dúvidas sobre a capacidade de a razão humana atingir verdades universais, poder falar de Deus ou tentar desvendar o enigma da natureza.

Começa caçoando da pretensão humana de se arrogar um lugar central na natureza e afirma que nada nos torna inferiores, nem mesmo diferentes dos animais, a não ser o orgulho: "Não é por um discurso verdadeiro, mas por um orgulho louco e teimoso que nós nos preferimos aos outros animais".[6] Aqueles que conhecem e amam os animais lerão com júbilo as numerosas páginas que ele dedica à sua sensibilidade, à sua memória, às suas paixões, e também à sua inteligência, à sua bondade e à sua sabedoria. Em seguida, ele ataca o saber teórico e a ciência, e começa constatando que eles não nos são, tendo em vista a felicidade, de utilidade alguma: "Vi no meu tempo cem artesãos, cem lavradores mais sábios e mais felizes que os reitores da universidade, e com os quais eu preferiria me parecer".[7] Em seguida, tenta demonstrar a incapacidade fundamental da razão humana em apreender Deus, o mundo, o verdadeiro e o bem. Montaigne afirma ter fé e crer em Deus, mas está convencido de que essa fé só pode ser fruto de uma revelação divina no coração de cada homem. Tudo o que se disse e se dirá sobre Deus na metafísica dos filósofos ou na escolástica dos teólogos são apenas palavras vãs, resultado da projeção sobre uma "potência incompreensível" de nossas qualidades e paixões humanas.

O mesmo acontece com os filósofos que pretendem desvendar as leis da natureza: o mundo escapará sempre ao nosso entendimento, e sistema filosófico algum poderá dar conta de sua complexidade e de sua harmonia. Além disso, se os grandes pensadores não param de se contradizer sobre Deus, o mundo, a Verdade e o Bem, ele constata, é porque todas as coisas permanecem inacessíveis à razão humana.

Será então necessário desistir de pensar e filosofar? Não, pois Montaigne se recusa a se fechar à maneira de um Pirro no ceticismo absoluto. Para ele, convém procurar um equilíbrio entre dogmatismo e ceticismo, conforme o filósofo Marcel Conche demonstrou muito bem em seu ensaio *Montaigne ou la conscience heureuse* [Montaigne ou a consciência feliz]:

> Com os céticos, convém suspender o julgamento a respeito das coisas em si, e a renunciar à experiência de ser o que quer que seja. Com os dogmáticos, é preciso tentar julgar e viver a vida da inteligência. Não seremos céticos, pois formaremos uma opinião e não hesitaremos em enunciá-la; não seremos

dogmáticos, pois não pretenderemos exprimir a verdade, mas apenas o que, para nós, em determinado momento, tem a aparência de verdade.[8]

O que Montaigne censura nos filósofos não é, portanto, o fato de exprimirem uma opinião: ao contrário, é emprestarem à reflexão a aparência de uma verdade absoluta. Ora, não podemos pensar o mundo, ou Deus, senão a partir de nós mesmos e das contingências de nossas vidas. Por isso o filósofo não pode nunca alcançar certezas. Ele só pode transmitir íntimas convicções. Em outras palavras, uma filosofia exprime principalmente e antes de tudo o que vê, sente e pensa um homem numa dada sociedade e num momento preciso da história. Um homem de temperamento pessimista produzirá uma filosofia marcada com o selo do pessimismo, do mesmo modo que um otimista tenderá a lançar um olhar otimista sobre o homem e o mundo.

A impostura consiste em erigir sua filosofia, sua visão do homem, do mundo, ou de Deus como sistema universal. Dois séculos antes de Immanuel Kant, Montaigne decreta a morte da metafísica. Compreendemos melhor, a partir daí, o objetivo perseguido nos *Ensaios*: exprimir um pensamento vivo, flexível, ao longo das experiências cotidianas subjetivas, na antípoda de toda pretensão dogmática. Nisso ele é sem dúvida o primeiro dos pensadores modernos, e Nietzsche não se enganou a respeito: "Que um homem como Montaigne tenha escrito, verdadeiramente aumenta a alegria de viver na terra."

Inspirando-se na famosa proclamação socrática "Só sei que nada sei", Montaigne escolheu como lema "O que sei?" e como emblema uma balança, símbolo de equilíbrio e de suspensão de julgamento. Lembrando que as coisas "têm cem membros e rostos", ele procura multiplicar os pontos de vista, deslocar o olhar, colocar-se no lugar do outro.[9] Por isso ele gosta tanto de observar, escutar, viajar. Os périplos e os encontros com indivíduos de culturas e meios muito diversos só confirmam seu relativismo: toda coisa é percebida em função do ponto de vista daquele que a olha ou experimenta. Nossos valores são bons para nós, mas são bons para outros? O mesmo acontece na escala dos povos.

Montaigne ficou profundamente chocado com a forma como os índios do Novo Mundo foram tratados. Não apenas pela violência com a qual foram dominados, mas também com a condescendência e o desprezo por seus hábitos, costumes, crenças e ritos. Embora cristão, Montaigne considera que a religião é apenas a expressão de uma cultura, do mesmo modo que a língua ou o modo de vida:

> Recebemos nossa religião apenas ao nosso modo e por nossas mãos, e não de outro modo, como as outras religiões se recebem. [...] Outra religião, outras testemunhas, semelhantes promessas e ameaças poderiam imprimir em nós pelo mesmo caminho uma crença contrária. Somos cristãos do mesmo modo que somos perigordinos ou alemães.[10]

Não contente em ressaltar a relatividade dos valores e das religiões, Montaigne vai mais longe e afirma a respeito dos índios do Novo Mundo — havia encontrado na corte alguns pobres espécimes exibidos como animais estranhos — que aqueles "selvagens" que pretendiam civilizar estariam antes aptos a nos prodigar um ensinamento. Ele fica impressionado com sua naturalidade: enquanto nossos costumes nos afastaram progressivamente dela, aqueles homens e mulheres vivem o mais próximo da natureza, são simples, espontâneos, verdadeiros e, no fim das contas, felizes. Montaigne se entrega a uma comparação feroz, porém acertada, entre os cidadãos europeus fartos, mas perpetuamente insatisfeitos, e aqueles "selvagens" que, vivendo apenas conforme suas precisões "naturais e necessárias", tais como referidas por Epicuro, estão sempre alegres. Falando dos brasileiros, ele constata que, para eles, "todo o dia se passa em dança", e que "eles ainda estão nesse ponto feliz de não desejar senão o que suas necessidades naturais lhes ordenam".[11]

É exatamente ao se comparar a eles, diz, que se pode constatar até que ponto, apesar da importância de nossa religião, de nossos conhecimentos, de nosso conforto material, somos "desregrados", incapazes de ser felizes conforme a ordem natural. Procuramos constantemente nossa felicidade, projetando-nos no mundo exterior e material, quando ela só pode ser encontrada em nós, na satisfação profunda que podemos tirar dos prazeres simples da vida que, na maior parte, não custam nada.

O que importa, então, é conhecer a si mesmo, no sentido de conhecer sua própria natureza: "o que é bom para mim?", pergunta-se Montaigne. Sua filosofia emerge do que ele sente, do que ele vê, do que ele constata e experimenta pessoalmente. É por isso que ela lhe convém, mas é também por esse motivo que ela nos emociona: ele nos convida a fazer o mesmo, a reaprender a pensar a partir de nossos sentidos, de nossas experiências, da observação de nós mesmos, não apenas a partir de teologias aprendidas (o pensamento dos outros), dos costumes e dos preconceitos da sociedade na qual vivemos. Tocamos aí num ponto crucial do pensamento de Montaigne: sua concepção de educação. Ele denuncia a vontade dos educadores de querer "encher a cabeça" das crianças, ensinando-lhes todo tipo de conhecimentos que as ajudarão muito pouco a viver bem. O verdadeiro projeto educativo deveria consistir em ensinar a criança a desenvolver seu *julgamento*. Porque a coisa mais essencial para se levar uma vida boa é saber discernir e julgar bem. A formação do julgamento é indissociável do conhecimento de si: um educador deve ensinar a criança a fazer um julgamento das coisas a partir dele mesmo, de sua sensibilidade, de sua própria experiência.

Isso não significa que se deve desistir de ensinar valores essenciais à vida em comum, como a boa-fé, a honestidade, a fidelidade, o respeito por outrem, a tolerância. Mas convém ajudar a criança a avaliar a importância dessas virtudes a partir de seu próprio sentir, de sua maneira de ver. Ensinando-lhe a conhecer e a observar o mundo com um espírito ao mesmo tempo aberto e crítico, ajudamos a formar um julgamento pessoal que lhe permitirá fazer a escolha de vida que convém à sua natureza. Em resumo, a educação deve ensinar a pensar bem para viver melhor, o que, como já comentamos, é a principal função da filosofia tal como os Antigos a compreendiam. A uma "cabeça cheia", objetivo educacional de seu tempo — mas o que dizer do nosso! —, Montaigne prefere uma "cabeça bem-feita"; em lugar da quantidade de saber, ele privilegia a qualidade do julgamento: "É preciso perguntar quem é o melhor sábio, não o mais sábio. Nós trabalhamos apenas para preencher a memória, e deixamos o entendimento e a consciência vazios".[12]

"É preciso estender a alegria, mas represar tanto quanto possível a tristeza:"[13] aí está, resumido numa frase, o programa de vida segundo Montaigne. Programa de aparente simplicidade, a que nossa natureza tende espontaneamente, mas que ele lembra ser seguido por poucos homens ditos "civilizados", os quais têm antes tendência a complicar a existência e a torná-la dolorosa, quer por uma vida desregrada, escravos de desejos jamais saciados, quer, inversamente, deixando uma consciência moral e religiosa pervertida carregá-los com fardos pesados demais para serem levados.

Para aumentar a alegria e atenuar a tristeza, devem somar-se duas condições: aprender a se conhecer e a regrar o julgamento a fim de discernir o que é melhor para si mesmo, sem por isso fazer mal a outrem. Como bom epicurista, Montaigne procura ser o mais feliz possível (conforme sua natureza), experimentando os bons prazeres que lhe dispensa diariamente a vida: passeio a cavalo, degustação de alimentos saborosos, conversa amigável, entre outros. Mas ele insiste em dois pontos já lembrados: a necessidade de se ter consciência da felicidade, de gastar tempo apreciando-a, de gozá-la o mais intensamente possível, e a qualidade de atenção que devemos dar a cada uma de nossas experiências: "Quando danço, danço; quando durmo, durmo".[14]

Do mesmo modo que Montaigne saboreia os prazeres da existência, ele também se esforça para evitar tanto quanto possível suas dores. Foge de todos os sofrimentos evitáveis e procura, como vimos, os compromissos que simplificam a vida social e a tornam mais tranquila, em vez de atiçar as divisões e envenenar os problemas em nome de grandes princípios ou paixões políticas.

Na vida privada, ele mesmo foi às vezes duramente testado. Diante dos sofrimentos de saúde, ele prega a sabedoria estoica da aceitação, e já que considera que a doença faz parte da ordem natural das coisas, recomenda deixar o corpo realizar sua obra de reparação e evitar cuidar-se por outros meios que não os que a natureza sugere. É preciso dizer também que a medicina de sua época era muito pouco recomendável... Ele perdeu cinco de seus seis filhos, "se não sem lamento, pelo menos sem aborrecimento", afirma sem hesitar, pois, também nesse aspecto, ele considera que os lutos pertencem à ordem natural das coisas, que não adianta ter pena de si mesmo.[15]

É também o motivo pelo qual ele condena toda ideia de "sacrifício" e se recusa a compartilhar do sofrimento de outrem. Já existe bastante sofrimento, diz ele, para que se acrescente o seu ao dos outros. Ajudar os outros, sim, porém não em detrimento de si. Agir com coragem, mas nunca superestimar suas forças.

Toda a sabedoria de Montaigne se resume numa espécie de grande "sim" sagrado à vida. Conhecer e aceitar sua natureza própria para aprender a gozar do melhor modo a vida. Esquivar-se de todo sofrimento evitável e suportar com paciência as provas inevitáveis, continuando a tentar gozar o que nos contenta. Compensar a brevidade da existência com a qualidade e a intensidade de nossas experiências. Aliás, apenas assim poderemos enfrentar a morte sem arrependimentos. "Principalmente nessa hora", escreve ele no final dos *Ensaios*, "em que percebo a minha [vida] tão breve no tempo, eu quero aumentar-lhe o peso; quero interromper a rapidez de sua fuga com a prontidão de minha assimilação, e com o vigor do uso, compensar a pressa de seu escoamento; na medida em que a posse do viver é mais curta, preciso torná-la mais profunda e mais plena. [...] Logo, para mim, amo a vida e a cultivo tal como prouve a Deus no-la conceder".[16]

Aproximadamente 2 mil anos antes, vimos nascer e se desenvolver na China uma corrente filosófica que apresenta espantosas semelhanças com o pensamento de nosso sábio perigordino: o taoismo. Na origem dessa corrente, dois personagens e duas breves obras: Lao-Tzu, que é considerado o autor do *Tao-te-ching*, e Chuang-Tzu, autor de um livro que leva seu nome.

Conforme a lenda, Lao-Tzu teria vivido por volta dos séculos VI-V a.C. e, portanto, teria sido contemporâneo de Confúcio. Arquivista na corte do reino de Chu, ele teria deixado o país por causa de perturbações políticas e, cruzando a fronteira, o guarda da passagem lhe teria pedido que deixasse um escrito. Foi então que ele teria redigido o *Tao-te-ching* que comumente se traduz como *O caminho e sua virtude*. Composto por 81 breves capítulos ritmados e rimados, o livro é de extraordinária profundidade e sabor poético e constitui incontestavelmente um dos maiores textos da literatura mundial. A maioria dos historiadores atuais ressalta, porém, que a existência histórica de Lao-Tzu não foi confirmada, e que é provável que a obra tenha sido composta alguns séculos mais tarde e por vários autores.

A existência de Chuang-Tzu, que teria vivido no final do século IV a.C., é, em compensação, quase certa. O livro que lhe é atribuído e leva seu nome é de um gênero literário completamente diferente, deixando transparecer a personalidade de seu autor: irônico, cético, brincalhão, libertário. Mais imponente, a obra é tecida de contos, anedotas, parábolas, historietas, diálogos saborosos, sempre de rara profundidade filosófica. Já pela forma, ele lembra os *Ensaios* de Montaigne, mesmo que seja provável que a obra tenha sido completada ao longo dos séculos por discípulos.

Originário do reino meridional do Chu, Chuang-Tzu teria, como Montaigne, ocupado uma função administrativa antes de se retirar do mundo para escrever. Ambos, aliás, manifestam grande desconfiança em relação àqueles que pretendem mudar o mundo pela ação política. O ceticismo e a concepção cíclica da história levam-nos, antes, a considerar que é mais importante se conhecer e transformar a si mesmo do que querer transformar o mundo e a sociedade. Chuang-Tzu nos transmite também esta anedota reveladora sobre o estilo do personagem:

> No momento em que Chuang-Tzu pescava com linha no rio P'u, o rei de Chu enviou dois emissários para seduzi-lo. "Nosso príncipe", disseram-lhe eles, "desejaria lhe entregar a direção de seu território." Sem erguer a linha, sem mesmo

virar a cabeça, Chuang-Tzu lhes disse: "Ouvi dizer que há em Chu uma tartaruga sagrada, morta há 3 mil anos. O seu rei conserva sua carapaça num cesto enrolado num lençol, no alto do templo de seus ancestrais. Digam-me, essa tartaruga teria preferido viver arrastando a cauda na lama?". "Ela teria preferido viver arrastando a cauda na lama", responderam os dois emissários. "Saiam daqui!", disse Chuang-Tzu. "Eu também prefiro arrastar minha cauda na lama."[17]

Outra semelhança significativa com Montaigne: o taoismo nasceu num contexto de lutas políticas violentas, o dos reinos combatentes, que precedeu a unificação do Império Chinês em 221 a.C. (o qual perdurará até 1911!). Foi, portanto, nesse período de perturbações que os primeiros grandes pensadores chineses tentam trazer uma resposta a uma crise política e social profunda. Enquanto Confúcio propõe um caminho ritual que respeita a tradição, que encoraja o engajamento político com o fim de criar um homem e uma sociedade virtuosa, Lao-Tzu e Chuang-Tzu pregam um caminho radicalmente inverso: o da retirada dos assuntos do mundo, o de um aperfeiçoamento individual guiado pela observação da natureza, segundo a própria índole de cada um.

É verdade que os filósofos confucianos também propõem a natureza como modelo de sabedoria, mas não a olham sob o mesmo ângulo que os taoistas: eles pregam uma sabedoria humana calcada na ordem celeste perfeita, imutável, da qual o imperador seria o centro e o modelo supremo sobre a terra. Quanto aos taoistas, eles olham a natureza viva, móvel, diversa, aparentemente caótica da terra e propõem uma sabedoria da fluidez, da flexibilidade, do movimento, da espontaneidade, que visa entrar em harmonia não com uma ordem cósmica, mas com o fervilhar mesmo da vida. Se Confúcio quer desenvolver a civilização, instaurando uma ordem moral estável, é precisamente o que lhe censuram Lao-Tzu e especialmente Chuang-Tzu, que pregam, como Montaigne, um homem libertado dos artifícios da cultura e dos costumes, fiel à espontaneidade de sua própria natureza, um homem à escuta de seu ser profundo, singular, que aspira viver em profunda harmonia com a natureza indecifrável e em constante movimento.

Antes de desenvolver os principais aspectos da sabedoria taoista, falemos ainda de uma palavra sobre seus alicerces filosóficos e cosmológicos. A palavra "Tao" é bastante próxima do conceito budista de *dharma* e significa "caminho", "via". Mas ele designa igualmente o princípio fundamental, a fonte, a origem, a raiz do mundo. É ele que ordena o universo e mantém a harmonia cósmica. O Tao é indefinível e escapa ao entendimento. Nenhum vocábulo, nenhuma noção pode contê-lo, como exprime poeticamente Lao-Tzu:

> *Não é teu olho que poderia vê-lo*
> *Seu nome não tem forma*
> *Não é teu ouvido que poderia ouvi-lo*
> *Seu nome não tem som*
> *Não é tua mão que poderia tomá-lo*
> *Seu nome não tem corpo*
> *Tripla qualidade insondável*
> *E que se firma na unidade.*[18]

O Tao abarca explicitamente também uma ideia de escoamento, de fluxo; evoca a natureza em permanente mutação. Sua face tangível é o tai chi, o universo tal como o percebemos, um grande organismo vivo regulado por uma lei de causalidade universal. Tudo é interdependente. Cada ser é uma parcela desse cosmos vivo e está ligado a outros seres. A medicina chinesa repousa sobre essa concepção de um mundo em que macrocosmo e microcosmo estão em correspondência.

Esse fluxo permanente da vida cósmica é atravessado por duas forças contrárias: o yin e o yang. O yang exprime a dimensão masculina ativa que brota, separa, organiza, conquista. O yin exprime o princípio feminino passivo que acolhe, une, dilui, apazigua. O yang é luz, emergência de vida, fogo, sol, dia. O yin é sombra, desaparecimento/mutação de vida, frio, lua, noite. Não se deve concebê-los como duas forças antagônicas, mas como duas polaridades complementares e indissociáveis. Elas se exprimem em forma de um processo: toda vida se manifesta e escoa de modo dinâmico através dessa dialética do yin e do yang.

Diferentemente do intelectualismo confuciano, o taoismo recusa toda possibilidade de sistema de conhecimento: sua filosofia tem a marca do ceticismo. Chuang-Tzu é o grande "desconstrutor": antes de Montaigne, ele zomba das escolas filosóficas que pretendem dizer a verdade e multiplicam os diálogos de surdos. Rejeita qualquer ideia de verdade única e não para de lembrar a necessidade de escapar da lógica binária, a do terceiro excluído (uma coisa é verdadeira ou falsa, é isto *ou* aquilo). Para ele, ao contrário, uma coisa pode ser isto *e* aquilo. É o motivo pelo qual, longe de ser demonstrativo, seu raciocínio é circular, ele age por um deslocamento permanente do olhar, pela adoção sucessiva de pontos de vista contraditórios. Assim é que gosta de exprimir seu pensamento pela boca de marginais, de bêbados, de pessoas simples ou "irracionais", capazes de exprimir verdades mais profundas e paradoxais que as dos intelectuais.

Mas, exatamente como Montaigne fará, ele sabe também afirmar, decidir, dar seu ponto de vista. Às certezas dogmáticas ele opõe suas íntimas convicções, sabendo que elas são sempre provisórias e contestáveis. Ele não diz: "Eu não sei", mas "Eu sei alguma coisa?".

O ceticismo de Chuang-Tzu se exprime principalmente na desconstrução da linguagem: as palavras dizem de maneira muito imperfeita a profundidade, a riqueza movente e abundante do real e da vida. Elas coagulam a realidade, cobrindo determinado ponto de vista cultural; logo, convém desconfiar delas, relativizá-las, até mesmo rir delas. Com esse objetivo, Chuang-Tzu inventa fórmulas ou histórias aparentemente absurdas que visam desestabilizar a razão lógica. Nesse aspecto, vários séculos antes da introdução do budismo na China e no Japão, ele é verdadeiramente o precursor dos famosos *Koan* do budismo zen.

Para não se deixar prender no uso convencional da linguagem e nas posturas intelectuais e culturais que o acompanham — ativismo, voluntarismo, crença numa supremacia humana no seio da natureza —, convém voltar à observação, à sensação, à experiência, colocar-se humildemente à escuta da vida, da "melodia secreta" do universo que nos liga ao mundo pelo coração e pela intuição. Daí o interesse que Chuang-Tzu manifesta pelos artesãos que exercem seu ofício com precisão e eficácia sem fazer uso do pensamento: a mão faz o que o intelecto não pode dizer. Ele cita o exemplo de um açougueiro que conta como conseguiu, ao longo dos anos e graças à sua experiência, retalhar um boi com incrível destreza sem nem mesmo sua faca estar amolada. Esse treinamento, que consiste em localizar exatamente as articulações do animal, permitiu que ele adquirisse uma atuação sem nenhuma recorrência às palavras ou aos conceitos.[19] Assim deveria acontecer com todos: aprender a viver não pelo conhecimento de um saber teórico, mas pela experiência da vida, pelo treinamento do corpo e do espírito, a fim de adquirir uma sabedoria prática. Ainda nesse aspecto, vemos que Chuang-Tzu prefigura Montaigne em seus princípios educativos, insistindo na necessidade de o homem encontrar a naturalidade, a espontaneidade, o impulso vital, o que a educação e o costume tendem a abafar, embora seja o mais importante.

Chegamos aqui ao ponto central do ensinamento dos sábios taoistas: a doutrina do *não agir*. Enquanto nos ensinam a transformar o mundo e a agir sobre ele pela força de nossa vontade, Lao-Tzu e Chuang-Tzu pregam uma sabedoria do acolhimento, da receptividade, do abandono, da fluidez, do não querer.

> *Quem quer agarrar o mundo e dele se servir corre para a ruína*
> *O mundo é um vaso sagrado*
> *Que não permite ser agarrado, nem que dele se sirvam*
> *Quem se serve dele*
> *Quem o agarra o perde*[20]
> *[...]*
> *O caminho não age jamais; ora, tudo é feito por ele.*[21]

Não se trata de passividade, mas de desapego. Esses preceitos não incitam ao fatalismo, mas à observação, à paciência, à flexibilidade tanto na reação quanto na ação. Não se deve "forçar" as coisas, mas acompanhá-las. O exemplo do nadador é frequentemente lembrado por Chuang-Tzu: ele avança, não impondo sua vontade contra a força da onda ou da corrente, mas acompanhando seu fluxo: "Desço com os turbilhões e subo com os redemoinhos. Obedeço ao movimento da água, não à minha própria vontade. É assim que consigo nadar tão facilmente na água".[22]

Essa alegoria me faz pensar em outra, utilizada por Montaigne, a do cavaleiro que acompanha o movimento de sua montaria. Antoine Compagnon a resumiu bem: "Uma imagem fala de sua relação com o mundo: a da equitação no cavalo sobre o qual o cavaleiro se mantém, seu equilíbrio precário. O equilíbrio, essa é a palavra pronunciada. O mundo se move, eu me movo: cabe a mim encontrar meu equilíbrio no mundo".[23] Chuang-Tzu gostava de nadar, mas não há dúvida de que, se fosse cavaleiro, ele teria utilizado essa imagem que exprime do melhor modo possível a relação que convém manter com o permanente movimento do mundo. Ele também pretende mostrar que são os preconceitos intelectuais e todas as expressões de nosso ego — o medo, a inquietação, o desejo de sucesso, a comparação — que nos tornam infelizes e perturbam a fluidez da vida. Assim que essas telas se dissipam, podemos nos ajustar de modo natural e justo ao fluxo da vida e do mundo.

Para melhor fazer prevalecer a filosofia do *não agir*, Lao-Tzu e Chuang-Tzu buscam o oposto dos valores sociais dominantes, afirmando a supremacia do fraco sobre o forte. Lao-Tzu exprime essa ideia, recorrendo à metáfora da água:

> *No mundo, nada é mais maleável e mais fraco que a água*
> *Mas para corroer o resistente e o forte, nada a supera*
> *Nada poderia tomar seu lugar*
> *A fraqueza domina a força*
> *E a fraqueza, a resistência*
> *Sob o Céu não há quem não saiba*
> *Não há quem não possa praticá-lo*
> *Assim diz o sábio:*
> *Limpar as sujeiras do reino*
> *É ser o senhor dos templos da Terra*
> *Suportar os males do reino*
> *É ser o rei do universo*
> *Pois o verdadeiro tem o som do falso.*[24]

Outra imagem frequentemente utilizada é a da criança, totalmente incapaz de agir e que, contudo, por sua simples presença, põe os adultos em movimento. Ela é o centro da família. Age sem agir. Assim é que o sábio não deve ter como modelo o homem maduro, apresentado por Confúcio, mas a criancinha, como escreve Lao-Tzu:

> *Transforma-te em Ravina do mundo*
> *Ser Ravina do mundo*
> *É unir-se à virtude imutável*
> *É voltar à primeira infância.*[25]

Por sua vez, Chuang-Tzu nos oferece este breve diálogo: "Nan-Po pergunta a Niu-Yu: 'Apesar de sua avançada idade, conservaste a tez de uma criancinha. Por quê?'. 'É porque eu ouvi o Tao'".

A sabedoria do *não agir* leva ao *desapego*, a uma profunda aceitação da vida e de suas leis: o nascimento, o crescimento, o declínio, a morte. Se o sábio não tem medo da morte é porque a considera como parte dos ritmos naturais da vida. É assim que ele manifesta um desprendimento diante da morte de seus próximos que pode chocar seu círculo.

Chuang-Tzu conta esta história:

> Tendo a mulher de Chuang-Tzu morrido, Huei-tzu foi dar-lhe os pêsames. Encontrou Chuang-Tzu sentado, com as pernas abertas em forma de cesta, cantando e marcando o ritmo com uma tigela. Huei-Tzu lhe disse: "Está bem que você não chore a morte daquela que foi a companheira de sua vida e que criou seus filhos, mas que você cante, batendo tigela, é demais". "Absolutamente", disse Chuang-Tzu. "Quando ela morreu, eu fiquei por um instante perturbado, mas, refletindo sobre o começo, eu descobri que, na origem, ela não tinha vida; não apenas ela não tinha vida, mas também não tinha forma; não apenas não tinha forma, mas não tinha

sopro. Algo de fugidio e de imperceptível se transforma em sopro, o sopro em forma, a forma em vida, e agora eis que a vida se transforma em morte. Tudo isso se parece com a sucessão da primavera, do verão, do outono e do inverno. Neste momento, minha mulher está deitada tranquilamente na Grande Morada. Se eu me lamentasse em soluços ruidosos, isso significaria que eu não compreendo o curso do Destino. Por isso me abstenho".[26]

Diante disso, não podemos deixar de pensar em Montaigne, que afirmava não ter sentido "nenhum aborrecimento" quando da morte de suas cinco filhas. Ambos ensinam uma profunda aceitação da vida tal como ela é, e não tal como gostaríamos que fosse, conforme nossa vontade própria. Assim, não nos surpreendemos ao encontrar tanto em um quanto em outro a alegria profunda que anima aquele que aprendeu a amar a vida e a acolhê-la de coração aberto. O sábio taoista é um homem alegre. Ele vive aqui e agora, sem ruminar o passado, nem se preocupar com o futuro, na plena aceitação e gozo do momento presente. Sua alegria vem do não agir, daquilo que ele soube fundir ao fluxo do Tao e da vida para realizar sua natureza em harmonia profunda com a natureza. "Um sábio autêntico respira até os pés", diz Chuang-Tzu, porque ele se une de todo o seu ser ao sopro alegre do mundo: "Os movimentos de seu coração estão sempre em consonância com os seres e as situações". Ele também está em consonância com "o que vem antes de nascer e de perecer". O sábio autêntico é livre e alegre: "Ele dança com o mundo; ele é imortal". É despido de "qualquer tendência pessoal", no sentido em que "ele se entrega inteiramente aos ritmos espontâneos da vida e nunca exagera".[27]

A alegria do sábio vem do fato de que ele renunciou a tudo o que o separa do sopro e da harmonia do Tao. É renunciando ao ego que se torna plenamente ele mesmo e plenamente homem. Tais são os paradoxos da sabedoria taoista: é quando nos esquecemos que nos encontramos, é voltando a ser criança que alcançamos a sabedoria, é aceitando a fraqueza que nos tornamos fortes, é olhando a Terra que descobrimos o Céu, é amando plenamente a vida que podemos aceitar serenamente a morte.

Como, pergunto mais uma vez, não pensar em Montaigne? Encontramos nele, como em Chuang-Tzu, esse amor pela vida e essa alegre aceitação do destino fundado numa religiosidade profunda. Pouco importa que um se refira a Deus e outro ao Tao. Embora ele próprio um ateu, Marcel Conche escreveu a respeito de Montaigne essas linhas que remetem também, acertadamente, a Chuang-Tzu e falam tão bem da raiz última da felicidade alegre desses dois céticos, tão sensíveis à dimensão sagrada da vida:

> Não temos de olhar para quem doa. Seria indiscrição querer surpreender o gesto do doador. Baixemos os olhos. O sol absoluto de onde tudo irradia não é para ser visto por todos. Contentemo-nos com a irradiação, sem pretender escrutar-lhe a origem. O verdadeiro modo de olhar para Deus é olhar para o mundo e acolhê-lo como um dom. [...] O consentimento em gozar é a verdadeira ação de graças se for acompanhado de humildade e de reconhecimento. É o ato religioso por excelência, ato de comunhão com a potência insondável, inescrutável, mas incansavelmente generosa que é natureza e fonte da natureza. É preciso gozar religiosamente, quer dizer, respeitando o que se goza, o fervor, a atenção séria, a consciência do mistério.[28]

E soltando uma grande gargalhada!

21. A alegria de Spinoza e de Ma Anandamayi

A alegria é a passagem do homem de uma menor para uma maior perfeição.[1]

BARUCH SPINOZA

No dia 27 de julho de 1656 acontece na sinagoga de Amsterdã uma cerimônia de rara violência: os anciãos pronunciam um *herem*, ato solene de banimento, referente a um jovem de 21 anos, acusado de heresia:

> Com a justiça dos anjos e dos santos, nós excomungamos, excluímos, maldizemos e anatematizamos Baruch de Espinosa. [...] Que ele seja maldito de dia e maldito de noite. Que ele seja maldito no sono e maldito na vigília. Que ele seja maldito fora e maldito por dentro. Que o Senhor não perdoe. Que a cólera e a fúria do Senhor caiam de agora em diante sobre este homem e derramem sobre ele todas as maldições escritas no livro da Lei. Que o Senhor destrua seu nome sob o sol.[2]

Não apenas o jovem Baruch Spinoza não foi atormentado por nenhuma maldição celeste, como seu nome brilha hoje no firmamento do pensamento humano: "Todo filósofo tem duas filosofias: a sua e a de Spinoza", dirá Bergson três séculos depois. Acontece que essa terrível sanção equivale a um banimento para esse jovem filho de mercador português, cuja família já fora obrigada a fugir da Inquisição e encontrara refúgio em Amsterdam, uma pequena república calvinista que tolerava a presença de uma importante comunidade judaica. O jovem Bento, cujo nome em hebraico era Baruch, muda mais uma vez de nome depois da exclusão: adota o nome cristão de Benedictus. Nem por isso ele se converte ao cristianismo, embora admire Cristo, e que a maioria de seus amigos seja de fiéis abertos às "ideias novas": as de Descartes, Galileu ou Locke, que atropelam o antigo mundo fundado na verdade da Bíblia e da escolástica tomista. A partir de então ele escolhe a língua latina para compor uma obra filosófica voltada para a beatitude, a felicidade suprema. Seus três nomes sucessivos não significam todos eles "bem-aventurado"?

A busca da felicidade é levada por Spinoza de um modo muito sóbrio. Não apenas ele renuncia à herança paterna, como também recusa a herança de amigos ricos, aceitando apenas uma modesta renda que completa seus rendimentos de fabricante de lentes ópticas. É excitante pensar que aquele que vai tentar afiar tanto quanto possível o discernimento do espírito tenha escolhido um ofício consistindo em melhorar as faculdades visuais! O filósofo prefere também não constituir uma família e viverá até a morte cercado por amigos e discípulos, em quartos alugados em diferentes cidades holandesas. Num cômodo único, às vezes em dois pequenos cômodos, se encontram seus livros, sua mesa de trabalho, seu ateliê de óptica e o único objeto ao qual ele se apega: a cama com dossel na qual ele foi concebido, na qual morrerá, e na qual dormiu toda a sua vida após o falecimento dos pais. Essa cama constituirá, sem dúvida, um símbolo de continuidade em meio a uma existência dilacerada, continuamente ameaçada. Mesmo que publicados anonimamente, seus livros eram proibidos pela censura. Todos sabiam, porém, quem era o autor do célebre *Tractatus theologico-politicus* que operou uma radical desconstrução racionalista da Bíblia, e pregava a edificação de um Estado laico que garantisse a liberdade de expressão religiosa e política. Apesar das ameaças que pesavam sobre ele, e que chegaram até mesmo à tentativa de assassinato, Spinoza era lido às escondidas e admirado por toda a Europa intelectual. Ele recusou várias ofertas de universidades de prestígio, e até mesmo um convite de Luís XIV para ensinar em Paris, onde teria desfrutado de uma confortável renda. Ele sabia que, aceitando isso, perderia a liberdade de pensamento, e preferiu levar até o fim sua modesta atividade de polidor de vidros.

De saúde frágil, ele sofre para terminar sua grande obra, a *Ética*, verdadeiro tratado da felicidade, que visava nada menos que oferecer a salvação, quer dizer, a beatitude e a liberdade suprema, neste mundo, por meio apenas do trabalho da razão. Pouco tempo antes de morrer, pede a um amigo que lhe forneça um tonel de cerveja e doce de rosas para a sua convalescença, o que mostra que a escolha de uma vida sóbria não correspondia a um ascetismo total, como alguns por vezes pensaram. Provavelmente com tuberculose, ele morre sozinho no quarto, no dia 21 de fevereiro de 1677, aos 44 anos. Seu médico e amigo chega logo depois e leva seus preciosos manuscritos. Foi assim que a *Ética* foi publicada seis meses mais tarde, graças a uma doação anônima, num volume intitulado *Obras póstumas*, que é imediatamente censurado.

A questão de Deus é tratada ali na primeira parte; a da alma, na segunda; a dos afetos, na terceira. A quarta é dedicada à servidão que os afetos produzem; a quinta, à liberdade e à beatitude. À primeira vista podemos perguntar o que as autoridades religiosas e políticas tinham tanto a temer de tal obra. Além do mais, escrita secamente, construída de modo geométrico — com definições, axiomas, proporções, demonstrações, notas e corolários —, a obra é difícil e exigente. Contudo, por detrás dessa aridez e do caráter pesado de um sistema metafísico fechado que Montaigne teria desprezado (tudo se encadeia de modo lógico a partir de definições e de axiomas que convém aceitar), sua leitura atenta revela um pensamento tão revolucionário quanto luminoso. Conhecer Spinoza pode mudar uma vida.

Não deixamos de nos questionar o porquê de Spinoza construir sua *Ética* no modo geométrico. Podemos reconhecer nisso uma tendência da época, à qual Descartes também sucumbiu, que dava uma aparência de rigor científico a um pensamento metafísico — mas também um "estilo de perseguição", como mostrou Léo Strauss, o que confirma o lema latino e o selo escolhido por Spinoza: *Caute*, seja prudente! Sem necessariamente partilhar a ironia mordaz de Jean-François Revel para quem "essa roupagem exterior é tão necessária quanto apresentar um tratado de gastronomia sob a forma de um código penal", podemos de fato considerar que Spinoza teria escolhido outro modo de expressão se tivesse escrito sob um regime de completa liberdade de expressão.[3]

Sublinhemos outra dificuldade: Spinoza utiliza o vocabulário metafísico de seu tempo — Deus, substância, modo, atributo, essência, existência, alma etc. — tal como encontramos em Descartes, Leibniz ou Malebranche, mas às vezes ele empresta um sentido novo às palavras que utiliza. É o que acontece com "Deus", que ele identifica com a natureza, o que marca uma profunda ruptura com a tradição metafísica ocidental e faz dele um pensador "ateu" no sentido estrito do termo, como veremos adiante.

Voltemos à questão da felicidade, que nos preocupa e que é o principal objetivo de sua *Ética*: todo o seu sistema, que começa definindo Deus-natureza, atém-se, em seguida, a definir o ser humano a fim de fundar uma ética-sabedoria, quer dizer, um caminho racional que visa levar o homem à beatitude e à liberdade total.

Um dos mais modernos aspectos de seu pensamento — que chama a atenção de numerosos biólogos e neurologistas — diz respeito ao lugar central que ocupam o que ele chama de "afetos", emoções, sentimentos e desejos, como designaríamos hoje. Spinoza é um extraordinário observador da natureza humana. O modo como ele descreve cada afeto e suas inter-relações com os outros é de uma surpreendente pertinência: a alegria, a tristeza, o amor, a cólera, a inveja, a ambição, o orgulho, a misericórdia, o medo, o ódio, o desprezo, a generosidade, a esperança, o temor, a superestimação e a subestimação de si, o contentamento, a indignação, a humildade, o arrependimento, a melancolia etc. Bem antes de Schopenhauer e de Freud, ele compreendeu que o ser humano é essencialmente movido por seus afetos.

Numa época em que se privilegiava o conhecimento da alma, o leque das virtudes e dos vícios, para alcançar-se a plenitude espiritual, Spinoza mostra que a viagem para a liberdade e para a felicidade começa antes por uma exploração em profundidade de nossos desejos e de nossas emoções. Se insiste tanto nessa questão é, explica ele, para nos libertar de uma cruel ilusão: a do livre-arbítrio. Não que Spinoza recuse toda ideia de liberdade, mas esta, contrariamente à consciência que temos dela, não reside em nossa vontade, sempre influenciada por uma causa exterior.

Submetido a uma lei universal de causalidade (encontramos aqui um conceito fundamental comum ao budismo e ao estoicismo), o homem não pode abandonar sua servidão interior senão com a ajuda da razão, depois de longo trabalho de conhecimento de si que lhe permite não mais ser movido inconscientemente por seus afetos e por ideias inadequadas. O homem não nasce livre, ele se torna livre: a Ética busca dotá-lo de um método que visa alcançar essa liberdade alegre, que Spinoza considera uma verdadeira *salvação*, uma libertação:

> Eu chamo de servidão a impotência do homem para governar e reduzir seus afetos; submetido aos afetos, na verdade, o homem não se ergue a partir de si mesmo, mas do acaso, cujo poder sobre ele é tamanho que, frequentemente, ele é constrangido, vendo o melhor, fazer o pior.[4]

É conveniente, portanto, compreender o encadeamento das causas e dos efeitos que condiciona nossos pensamentos, nossos desejos, nossos sentimentos. Para tanto, Spinoza estuda o ser humano como um animal submetido às leis universais da natureza e critica vivamente os que, como Descartes, "concebem o homem na natureza como um império dentro de um império".[5] Evitando qualquer ideia preconcebida de uma "especificidade" qualquer do ser humano — nisso ele se situa na continuidade de Montaigne —, Spinoza pretende mostrar que todos os seres vivos devem ser estudados e distinguidos em função dos afetos de que são capazes (é precisamente o projeto da etnologia contemporânea). Com esse fim, Spinoza se libera do dualismo cristão e cartesiano, que dissocia radicalmente a alma e o corpo, estabelecendo a preeminência da primeira, considerada como imortal, sobre o segundo. Para ele, se podemos distinguir abstratamente a alma do corpo, os dois são indissociáveis na vida concreta e funcionam paralelamente, sem superioridade de uma em relação ao outro. A palavra "alma" (*anima*), carregada de teologia e de metafísica, é, aliás, raramente empregada por Spinoza que prefere a palavra espírito (*mens*). Ao contrário de Descartes, ele não considera o corpo e o espírito duas substâncias diferentes, mas uma única e mesma realidade que se exprime segundo dois *modos* diferentes: o corpo é um "modo da extensão", o espírito, um "modo do pensamento".[6]

Uma vez esclarecido esse ponto, Spinoza mostra que "cada coisa, conforme sua potência de ser, se esforça para perseverar em seu ser".[7] Esse esforço (*conatus* em latim) é uma lei universal da vida, o que, aliás, a biologia moderna confirmará: "O organismo vivo é construído de tal modo que ele preserva a coerência de suas estruturas e de suas funções em oposição aos numerosos acasos ameaçadores da vida", assim como destaca o conhecido neurologista e leitor fervoroso de Spinoza, António Damásio.[8]

Com toda a naturalidade, reitera ainda Spinoza, cada organismo se esforça sem cessar para alcançar uma grande perfeição, o *aumento de sua potência*. Ora, ele não deixa de encontrar corpos exteriores que ele afeta e que o afetam. Quando esse encontro, quando essa "afeição" aumenta sua "potência" de agir, resulta um sentimento de *alegria*. Inversamente, a passagem para uma menor perfeição, a diminuição da potência de agir, suscita um sentimento de *tristeza*.

Alegria e tristeza são, pois, os dois afetos, os dois sentimentos fundamentais de todo ser sensível. Eles permanecem totalmente tributários das causas exteriores que os produzem. É a partir desses dois afetos que Spinoza explica os outros sentimentos: o amor, por exemplo, é definido como "uma alegria que acompanha a ideia de uma causa exterior", ou seja, que o afeto de alegria se volta para a ideia de onde procede, como, ao inverso, o ódio nasce da ideia de onde procede o sentimento de tristeza.[9] Aquele que ama se esforça por ter presente e conservar a coisa ou pessoa que ele ama, do mesmo modo que aquele que odeia se esforça para afastar e destruir a coisa ou a pessoa por quem ele tem aversão.

Todos os nossos afetos, explica Spinoza, são fruto de nossa natureza própria, de nosso ser e de nossa potência de agir específica. O encontro com tal ser ou tal coisa pode ser proveitoso ou nocivo para os dois, ou proveitoso para um e nocivo para o outro. O que importa é discernir o que nos convém, o que aumenta nossa potência de agir, logo, nossa alegria, e, inversamente, o que a diminui e produz tristeza sob qualquer forma.

Montaigne, mais uma vez, teria se rejubilado! Nada, de fato, é mais absurdo para Spinoza do que a ideia de regras de ação ou de comportamento universais (a não ser, evidentemente, as da cidade). Cada um de nós deve aprender a se conhecer para descobrir o que nos faz feliz ou infeliz, o que lhe é apropriado ou não, o que aumenta a alegria e diminui a tristeza. Spinoza utiliza a metáfora do veneno para explicar que tudo acontece num estado essencialmente biológico: há corpos, coisas, seres que envenenam nosso organismo, como há outros que contribuem para o crescimento e para o desabrochamento. Se aceitamos absorver veneno é porque nosso espírito está poluído com todo tipo de ideias inadequadas, errôneas, que nos fazem acreditar — sob a influência de determinados afetos, de nossa imaginação ou de uma moral exterior — que o que nos envenena, *de fato*, é bom para nós. Daí a necessidade de atingir um conhecimento verdadeiro *do que somos* para saber o que nos convém, mas também para renunciar a seguir uma moral exterior, dogmática, transcendente, pretensamente válida para todos.

Muito antes de Nietzsche — e um dos muitos motivos da profunda admiração deste pela filosofia holandesa —, Spinoza propõe uma visão amoral do mundo, para além do Bem e do Mal. Ele substitui as categorias religiosas ou metafísicas do Bem e do Mal pelas do *bom* e do *ruim*: "Chamamos bom ou ruim o que é útil ou nocivo para a conservação do nosso ser".[10] O bom, para nós, é quando um corpo estranho se harmoniza bem com o nosso e aumenta sua potência, logo, nossa alegria. O ruim é quando um corpo inapropriado ao nosso nos envenena, nos intoxica, nos torna doentes, diminui nossa potência de agir, logo, produz em nós tristeza.

Num primeiro sentido, o bom e o ruim qualificam, assim, de modo relativo, o que convém ou não à nossa natureza. Num sentido mais amplo, porém, Spinoza qualifica de "bom" um modo de existência sensato e firme que se esforça por organizar nossa vida em função do que nos faz crescer, convém à sua natureza, nos torna mais felizes e alegres, e de "ruim", um modo de existência desordenado, insensato, fraco, que faz com que nos unamos a coisas ou pessoas que contrariam nossa natureza, diminuem nossa potência e acabam por nos mergulhar na tristeza e na infelicidade.

Em outra obra que não a *Ética*, Spinoza apresenta uma leitura original do infame "erro" de Adão que sucumbiu após ter comido do fruto da árvore apesar da ordem divina.[11] O que Adão considera uma proibição moral não é, de fato, senão um conselho divino destinado a precavê-lo contra a tentação de comer um fruto que o envenenaria por não ser conforme à sua natureza. O erro de Adão, para Spinoza, não foi ter desobedecido a Deus, mas não ter seguido seu conselho judicioso e assim ter ficado doente ao provar o famoso fruto. Como justamente observa Gilles Deleuze em sua luminosa obra sobre Spinoza,[12] essa crítica da moral transcendente é também uma crítica da consciência que, por não perceber o justo encaminhamento lógico das causas e dos efeitos, sente necessidade de estabelecer uma ordem exterior inexplicável.

A moral transcendente do "você deve", do "é preciso", substitui então a ética imanente e perfeitamente racional do conhecimento do bom e do ruim. Podemos encontrar conforto ou mesmo reconforto no fato de atribuir as regras morais que respeitamos ao que sabemos bom ou ruim para nós.

Uma paixão não é mais, consequentemente, denunciada como pecado ou vício, como se diz na teologia cristã ou na moral clássica, mas como uma escravidão, uma *servidão*. Mais uma vez, todo o projeto da Ética visa libertar o homem de sua servidão interior através do conhecimento.

O spinozismo nem por isso constitui uma filosofia isenta de *leis* válidas para todos, quer dizer, de regras inerentes ao respeito por outrem e à vida comum. No conjunto de sua obra, Spinoza insiste, ao contrário, na necessidade de uma lei justa à qual todos os cidadãos devem se submeter, que condena toda violência física ou moral exercida contra as pessoas. Mas o que ele pretende mostrar na *Ética* é que essa lei comum e necessária, nascida da razão, não se opõe absolutamente à busca pessoal da felicidade individual, igualmente fruto da razão, e que ela deve conduzir a todos a descobrir, por seus próprios esforços, o que é bom e o que é ruim para si. Spinoza está convencido de que a descoberta individual do que nos é útil e do que nos torna felizes é igualmente favorável à felicidade de todos e à qualidade do viver juntos: "Quando cada homem procura mais o que é útil para si mesmo, então os homens são mais úteis uns para os outros".[13]

Em outras palavras, o conhecimento de si é o bem mais precioso para a vida comum, pois ele permite ao indivíduo não mais viver sob o domínio cego de suas paixões, fontes de todas as violências. Mesmo que Spinoza não o diga, é evidente que se todos os indivíduos vivessem sob o domínio da razão e alcançassem um total conhecimento de si mesmos, eles seriam tão perfeitamente responsáveis que não haveria necessidade de nenhuma lei exterior para fazer reinar a ordem na cidade.

Nessa longa caminhada de libertação pelo conhecimento, Spinoza distingue três "gêneros" de conhecimento, três maneiras de conhecer. A opinião e a imaginação constituem o primeiro gênero, aquele que nos mantém em nossa servidão. Segundo gênero: a razão universal que permite discernir, distinguir, conhecer, ordenar nossos afetos. A intuição, graças à qual podemos perceber a relação entre uma coisa finita e uma infinita, é o terceiro gênero; é por meio dela que podemos ter consciência da adequação entre nosso mundo interior, ordenado pela razão, e a totalidade do Ser, entre nosso cosmos íntimo e o Cosmos inteiro, entre nós e Deus. Essa apreensão intuitiva nos oferece a maior felicidade, a alegria mais perfeita, pois ela nos faz entrar em consonância com o universo inteiro.

Expliquemos ainda um ponto essencial: Spinoza tinha consciência de que a razão, por si só, não basta para realizar esse longo e exigente caminho de libertação. É-lhe necessário um motor, uma energia. Ele vê no *desejo* o motor que conduz o homem a se alçar de uma alegria imperfeita a uma alegria cada vez mais perfeita. "O desejo é a essência do homem", escreve ele.[14] E, em vez de querer aniquilar o desejo ou subjugá-lo pela força da vontade — ao modo dos budistas, dos estoicos ou de Descartes —, é melhor utilizá-lo, regulá-lo, orientá-lo na direção de um alvo cada vez mais adequado e justo. Spinoza explica que "o desejo é um apetite consciente de si mesmo" (nosso apetite, nossa pulsão, nossa necessidade, se torna consciente), e ele acrescenta[15]: "não é porque algo é bom que nós o desejamos, mas, ao contrário, nós chamamos de boa a coisa que desejamos".[16] O melhor modo de lutar contra um desejo ruim é, pois, fazê-lo competir com um desejo mais poderoso. O papel da razão consiste assim não em julgar e reprimir um mau desejo (como faz a moral), mas em provocar novos desejos, mais bem fundamentados, que nos tragam mais alegria.

Tomemos um exemplo concreto. Tenho uma sobrinha de 23 anos, Audrey, que não teve sucesso escolar — os estudos a entediavam — e direcionou-se para um curso profissionalizante de vendedora, embora tivesse boas aptidões intelectuais. Quando se tornou vendedora, ela se entediou ainda mais e pensou que seria infeliz se continuasse a exercer essa profissão por toda a vida. Levada por sua natureza curiosa e pela fome de conhecimentos, por iniciativa própria decidiu ler livros de cultura geral; descobriu que a sociologia a interessava e respondia ao seu desejo de melhor conhecer o mundo no qual vivemos. Com esforço pessoal, ela conseguiu entrar para a universidade e atualmente brilha nos estudos que a fazem feliz. Sem que ninguém à sua volta a forçasse ou lhe desse lições de moral, Audrey compreendeu que sua natureza tinha necessidade de adquirir conhecimentos para desabrochar, e ela substituiu um desejo (ser vendedora) por outro que lhe era mais adequado (compreender a sociedade na qual vivemos). A razão ajudou-a a consolidar esse novo desejo e a pôr em prática os esforços necessários para vencer, até mesmo garantindo o financiamento de seus estudos. É um exemplo simples que ilustra bem esse aspecto da filosofia spinozista. Na antípoda de toda moral imperativa do dever, Spinoza cria uma ética atrativa do desejo.

Ele define ainda que "só podemos reduzir ou suprimir um afeto por um afeto contrário e mais forte que o afeto a ser reduzido".[17] O que significa que a razão e a vontade não bastam para suprimir uma emoção ou um sentimento que nos perturbam. O papel deles consiste em possibilitar a emergência de uma emoção ou de um sentimento mais potente que o que nos entristece, e somente eles conseguirão eliminar as causas de nossa tristeza. Spinoza nos diz, então, que a felicidade depende não apenas de nossa vigilância para eliminar pensamentos e emoções perturbadoras, mas também do modo como conseguimos desenvolver nossos pensamentos e emoções positivas. Não basta dedicar-se a eliminar obstáculos ou venenos para ser feliz; ainda é necessário se dedicar a galvanizar as forças da vida: alimentar a alegria, o amor, a compaixão, a bondade, a tolerância, os pensamentos benevolentes, a estima por si, e outros, como já lembramos. Aí se encontra o fundamento da corrente contemporânea de psicologia positiva que insiste na necessidade de não nos concentrarmos apenas nos problemas, nas emoções perturbadas, mas também, e especialmente, de considerarmos nosso potencial de vida e desenvolvermos tudo o que pode nos ajudar, por nossos próprios meios, a vencer nossas feridas e inibições. O melhor modo de lutar contra o medo é desenvolver a confiança. Ao lutar contra o ódio, o melhor é desenvolver seu contrário: a compaixão.

O budismo tibetano, corrente que mais trabalhou para a transformação das emoções, acompanha esse modo e propõe uma verdadeira "alquimia das emoções": exercícios espirituais visam desenvolver a emoção contrária àquela que nos perturba. É o caso da meditação chamada de *tonglen*: trata-se de visualizar uma pessoa ou uma situação que são fonte de cólera, de ressentimento ou de medo. Durante a inspiração, visualiza-se fumaça negra emanando dessas pessoas ou "objetos" negativos, que se absorve, e na expiração projeta-se luz branca, luminosa, na direção desses "objetos" ou pessoas. Pode-se, assim, passar progressivamente de uma emoção negativa a uma emoção positiva, de uma cólera por alguém a um amor benevolente, de uma angústia diante de uma situação a um estado de serenidade.

O mesmo acontece em relação às ideias: não se suprimirá uma ideia falsa — ou melhor, "inadequada", retomando a linguagem precisa de Spinoza — estigmatizando-a, mas comparando-a a uma ideia "adequada", quer dizer, refutando-a por meio de uma argumentação superior que, como por força de atração, resultará na adesão da razão. A viagem filosófica se tornará assim, para Spinoza, um caminhar que leva de uma compreensão imperfeita a uma justa compreensão das coisas, de desejos desregrados a desejos bons, de alegrias limitadas à alegria perfeita que ele chama de *beatitude*. Enquanto isso, cada etapa, cada progresso, cada passo adiante é acompanhado por uma alegria nova, maior, já que se encontra aumentada por nossa potência de ser. De alegria em alegria, o homem caminha, assim, para a beatitude e para a liberdade superior, coincidência de seu ser com Deus — "quer dizer, a natureza", explica Spinoza.[18]

E é com esse último ponto que eu gostaria de concluir este breve resumo da *Ética*. Se por ateísmo compreendemos a negação de um Deus pessoal e criador tal como é revelado na Bíblia, então Spinoza é claramente ateu, já que ele nega a existência de tal Deus, aquele saído da "imaginação dos teólogos". Mas nem por isso sua filosofia pode ser qualificada de "materialista" como frequentemente se faz, pois, ao identificar "a substância infinita", que ele chama de Deus, à natureza, ele não a reduz absolutamente à matéria. Para ele, espírito e matéria, como espírito e corpo, são um só e são feitos da mesma substância. Spinoza é, portanto, ao mesmo tempo espiritualista e materialista. Ou então, nem um nem outro...

Podemos também sustentar que seu pensamento é marcado de religiosidade não porque ele observa os dogmas desta ou daquela religião, mas porque propõe, à maneira dos estoicos, a visão de um cosmos submetido a uma lei de necessidade que emana da Substância primeira (Deus), que é não causal, e uma via de salvação que termina, como em Aristóteles, na contemplação divina: "Nosso maior bem e nossa beatitude retornam ao conhecimento e ao amor de Deus".[19]

Spinoza sempre negou ser ateu ou antirreligioso. Não o acompanharemos no que diz respeito ao primeiro ponto, que está claramente estabelecido, mesmo que ele tenha se defendido contra isso por prudência política. Mas compreendemos como, sem ser religioso, ele não é antirreligioso. A via filosófica que ele propõe leva, como a religião, à salvação e à beatitude, mas pelo caminho da razão e do desejo esclarecidos. Esse caminho, que ele mesmo considera "extremamente árduo", é recomendado aos filósofos, àqueles que pretendem sair da servidão pela via da sabedoria racional.[20] Mas ele não despreza de modo algum aqueles, infinitamente mais numerosos, que esperam alcançar a salvação pela fé e pela prática da religião. Ele afirma até que os dois objetivos convergem, e que o ensinamento dos Profetas se liga, por outras vias, às conclusões práticas da sabedoria que ele propõe.

Se a "alegria" dos santos e dos místicos procede da fé e não da razão, ela não deixa de ser igualmente fruto de uma beatitude resultante da união a um Deus. A beatitude de que fala Spinoza na *Ética* lhe aparece como mais perfeita e mais estável e durável, pois ela é o fruto não de uma fé subjetiva, colorida de afetos, mas da razão objetiva levada até o fim de suas possibilidades. O místico crê em Deus (que ele representa como um ser pessoal) e obtém sua alegria de sua união com Ele, enquanto o sábio *sabe* Deus (que ele descobriu como Substância Infinita) e o concretizou nele: "Tudo o que é está em Deus, e sem Deus nada pode ser ou ser concebido".[21]

Quem conhece, mesmo que um pouco, a filosofia hindu se surpreenderá com o extraordinário parentesco entre a metafísica spinozista e a metafísica da Índia, particularmente a originária da corrente dita Advaita Vedanta, o caminho da não dualidade. Comparativamente à corrente dualista que prega — exatamente como nas três religiões monoteístas: a judaica, a cristã e a muçulmana — uma distinção entre, de um lado, um Deus transcendente e criador, e, do outro, um mundo criado por Ele, a corrente não dualista postula a unidade entre Deus e o mundo. Deus não existe fora do mundo; o mundo e Ele participam da mesma substância; tudo está em Deus da mesma forma que Deus está em tudo. Baseada em alguns *Upanishads* (textos antigos quase contemporâneos a Buda), o caminho da não dualidade foi particularmente desenvolvido por um grande filósofo indiano do século VIII de nossa era: Shânkara. O essencial dessa doutrina se baseia na identificação entre o divino impessoal, o *brahman*, e o eu individual, o *atman*. O *atman* é o *brahman* no homem, e o objetivo da sabedoria consiste em perceber que não há diferença substancial entre o *brahman* e o *atman*.[22]

Exatamente como Spinoza, Shankara não despreza os caminhos religiosos dualistas que se proliferam na Índia: baseando-se na fé e no amor, eles permitem que milhões de fiéis vivam uma espiritualidade acessível a todos, adorando uma divindade ou seu avatar (quer dizer, sua manifestação ou sua encarnação). Mas ele diz também que o caminho não dualista exprime mais profundamente o real: a realização do ser, propósito último de toda vida humana, implica a cessação de toda dualidade. É porque saiu da dualidade que o sábio se torna um "libertado vivo" (*jivan mukta*) para quem não há senão a "plena felicidade da pura consciência, que é Una" (*saccidananda*). A libertação é, pois, fruto de uma tomada de consciência ao mesmo tempo intelectual e intuitiva (*prajna*), que se parece muito com o terceiro gênero de conhecimento de Spinoza e que traz a felicidade suprema, a alegria sem limites. Existe, todavia, uma diferença maior entre o spinozismo e o Advaita Vedanta: enquanto Spinoza rejeita a existência de uma alma imortal, a doutrina indiana afirma a existência de um eu imortal (*atman*) que transmigra de uma existência a outra, de um corpo a outro (vegetal, animal ou humano) e aspira a sair do ciclo do *samsara* (a roda incessante dos renascimentos) para alcançar a libertação (*moksha*), realizando sua identidade com o *brahman*. Essa diferença, sob determinado ponto de vista, é considerável, já que, em um caso, a consciência individual se interrompe com a morte do corpo e, no outro, não. Ela não é, entretanto, tão capital para aquele que se engaja no caminho da sabedoria e que realiza, a partir desta vida, a percepção intuitiva que permite identificar seu ser ao Cosmos inteiro. Daí brota a alegria suprema que é "pura felicidade" para os hindus e "beatitude eterna" para Spinoza: "Sentimos e experimentamos que somos eternos".[23] Eternos, não imortais: pouco importa, para Spinoza, o que advém após a morte, já que podemos viver em cada instante a experiência da eternidade que é a da substância divina com a qual nos identificamos e é fonte de alegria infinita.

Na obra *Le Bonheur avec Spinoza* [A felicidade com Spinoza], o filósofo Bruno Giuliani sugere um paralelo interessante entre o pensamento de Spinoza e o ensino de uma grande mestra hindu contemporânea:[24] Ma Anandamayi, falecida em 1982. Ela não escreveu nada, mas seu ensinamento oral foi transcrito por seus discípulos. Citemos esta passagem que sem dúvida poderia ter sido escrita por Spinoza:

> Como evitar este dilema, esta oscilação pendular entre felicidade e infelicidade? Você se entrega às pequenas alegrias da

vida cotidiana, mas não se preocupa em descobrir a origem, Beatitude suprema de onde brotam todas as felicidades. Durante quanto tempo você anda assim em círculos? Você espera se deleitar com todos os prazeres do mundo e, ao mesmo tempo, captar a fonte suprema da alegria? [...] O que é necessário compreender é que a alegria verdadeira só existe na vida espiritual. O único meio de experimentá-la é conhecer e compreender o que é realmente o universo. Devemos orientar nosso espírito a ver que o mundo inteiro é divino. Nosso velho mundo deve desaparecer. Em compensação, devemos ver o mundo tal como ele é, ver Deus em todas as coisas, sob todas as formas e sob todos os nomes. Não existe uma polegada de terra na qual Deus não esteja. A única coisa que temos de fazer é abrir nossos olhos e vê-lo no bem, no mal, na felicidade e na infelicidade, na alegria e na tristeza e até mesmo na morte. As palavras Vida e Deus são intercambiáveis. Tomar consciência de que toda vida é o Um concede uma felicidade imutável.[25]

O nome dessa mulher hindu, perfeita representante contemporânea da corrente indiana da não dualidade, não me era desconhecido, longe disso. Eu devia ter quinze ou dezesseis anos quando vivenciei uma experiência singular. Eu caminhava por Paris, na Rue de Médicis, em frente ao Jardim de Luxemburgo, quando meu olhar foi atraído para a vitrine de uma livraria. Durante longos minutos não pude desviar os olhos da capa de um livro ilustrado com a foto de uma mestra indiana contemporânea chamada Ma Anandamayi. Sem que eu soubesse explicar, seu rosto, irradiando alegria, me perturbava. Ela parecia encarnar a felicidade absoluta dos "libertados vivos", aqueles que realizaram perfeitamente seu eu segundo a doutrina do Advaita Vedanta, tornando-se um com o universo e com Deus. Eu não podia encontrar com Spinoza, ver sua alegria brilhar, mas eu podia encontrar aquela mulher. Assim, em 1982, exatamente aos vinte anos, decidi passar vários meses na Índia; e resolvi ir até um dos muitos *ashrams* que ela havia fundado. Infelizmente, não pude vê-la porque ela estava mal e faleceu durante minha estada em Benares.

Mais tarde, encontrei-me com um de seus principais discípulos franceses, o jornalista Arnaud Desjardins, o qual dirá a seu respeito:

> Minha própria existência deu-me a oportunidade de contemplar muitas maravilhas, mas o que produziu em mim e, de longe, a mais forte impressão [...] foi o encontro com um ser humano completo, com uma mulher hindu de nascimento bengali, a célebre Ma Anandamayi. Essa sensação inesquecível, decisiva, foi partilhada com inúmeros hindus e ocidentais. As melhores imagens de um filme, as mais bem realizadas fotografias transmitem apenas uma parcela de seu brilho. Todas as facetas de um ser humano realizado, desde o riso luminoso de uma criança até a imensa seriedade de um sábio eram transmitidas através dela.[26] Ele me deu algumas fotos dela, e devo confessar que me acontece de olhá-las frequentemente e de me alegrar com elas. A leitura de Spinoza me dá alegria, do mesmo modo que a iluminação de Ma Anandamayi exprime a realização da sabedoria.

Quando eu estava terminando a redação deste capítulo, por coincidência fui chamado para dar uma conferência em Haia, a última cidade onde Spinoza viveu. Aproveitei para realizar um velho sonho muitas vezes adiado: visitar a casinha de Rijnsburg, no subúrbio de Haia, na qual Spinoza viveu entre 1660 e 1663, e que se tornou um pequeno museu. Que emoção adentrar o quarto em que ele começou a escrever a *Ética* e no qual reconstituiu quase totalmente sua biblioteca! O ideólogo nazista Alfred Rosenberg, fascinado por Spinoza, confiscou e transportou toda essa biblioteca para a Alemanha, sem encontrar as duas mulheres judias que se escondiam no sótão da casa.

Estou prestes a sair do museu quando o guarda, que gentilmente aceitara ficar mais uma hora porque eu havia chegado alguns minutos antes do fechamento, me convida a assinar um imponente registro e me mostra o nome de Albert Einstein que passou um dia inteiro no quarto do filósofo em 2 de novembro de 1920, como se pode constatar no livro de ouro. Eu sabia que o cientista era um admirador incondicional de Spinoza e que declarou em abril de 1929 ao grande rabino de Nova York, o qual lhe perguntara se ele acreditava em Deus: "Eu creio no Deus de Spinoza que se revela na harmonia de tudo o que existe, mas não em um Deus que se preocupa com o destino e com os atos dos humanos". Descubro que ele compôs também um poema dedicado a Spinoza à época de sua passagem por Rijnsburg, que se encontra pendurado na parede, num pequeno quadro, e começa com esta estrofe:

Como amo este nobre homem
Mais que as palavras possam expressar.
Temo, porém, que ficará só,
Aureolado com sua luz.

Essa frase me remete à última frase da *Ética*, na qual não posso deixar de pensar: "Tudo o que é belo é tão difícil quanto raro".

Epílogo

Sou feliz, sem motivo algum.[1]

CHRISTIAN BOBIN

Era uma vez um velho sentado à entrada de uma cidade. Um estrangeiro se aproxima e lhe pergunta:
— Nunca vim a esta cidade; como são as pessoas que aqui vivem?
O velho lhe responde com uma pergunta:
— Como eram as pessoas na cidade de onde vens?
— Egoístas e más — diz o estrangeiro.
O velho retoma:
— Encontrarás as mesmas aqui.
Mais tarde, outro estrangeiro se aproxima e pergunta ao homem velho:
— Acabo de chegar, dize-me como são as pessoas que nesta cidade vivem?

O velho responde:

— Dize-me, meu amigo, como eram as pessoas na cidade de onde vens?

— Elas eram boas e acolhedoras. Eu tinha muitos amigos lá. Foi difícil deixá-los.

— Encontrarás as mesmas aqui — responde o velho.

Um mercador que dava de beber aos camelos, perto dali, ouviu as duas conversas. Assim que o segundo estrangeiro se afastou, ele se dirigiu ao velho num tom de censura:

— Como podes dar a mesma resposta para duas situações completamente diferentes?

— Porque cada um leva seu universo em seu coração — respondeu-lhe o velho.

Esse pequeno conto define maravilhosamente o que nos dizem de modos muito diversos — como vimos ao longo deste livro — os sábios do mundo inteiro: no fim das contas, tanto a felicidade quanto a infelicidade estão dentro de nós. Um homem infeliz será infeliz por toda parte, qualquer que seja seu ambiente. Ao pessimismo de Kant, de Schopenhauer e de Freud, os quais afirmam que uma felicidade completa e duradoura é impossível diante do caráter infinito do desejo humano, os sábios do Oriente e do Ocidente respondem que essa felicidade é possível desde que não procuremos ajustar o mundo aos nossos desejos. A sabedoria nos ensina a desejar e a amar o que é. Ela nos ensina a dizer "sim" à vida. Uma felicidade profunda e durável se torna possível desde que transformemos nosso próprio olhar sobre o mundo. Descobrimos então que a felicidade e a infelicidade não dependem mais tanto das causas exteriores, mas de nosso "estado de ser".

Iniciei esta obra com uma definição sociológica da felicidade: ser feliz é amar a vida que se leva. Se, ao longo desta viagem, eu tivesse de dar uma definição pessoal da felicidade, diria que é simplesmente "amar a vida". Não apenas a vida que levamos aqui e agora, e que pode nos reservar satisfações, mas a vida enquanto tal. A vida que pode também, amanhã, dispensar alegria ou tristeza, acontecimento agradável ou desagradável. Ser feliz é amar a vida, toda a vida: com seus altos e baixos, seus traços de luz e suas fases de trevas, seus prazeres e suas dores. É amar todas as estações da vida: a inocência da infância e a fragilidade da velhice; os sonhos e os dilaceramentos da adolescência; a plenitude e os rangidos da idade madura; é amar o nascimento e também amar a morte. É atravessar as tristezas plenamente e sem medida, bem como gozar plenamente e sem medida de todos os bons momentos oferecidos. É viver intensamente cada instante.

Não confundamos sofrimento com infelicidade. Por mais paradoxal que possa parecer de início, pode-se sofrer e ser feliz ao mesmo tempo. O sofrimento é inelutável, a infelicidade não. Pode-se ser feliz de maneira durável experimentando ao mesmo tempo o sofrimento, e, com a condição de que seja passageiro, ele não nos faz necessariamente infelizes. Ele é universal, não imutável. Todos nós o experimentamos, e nem por isso somos todos infelizes. Enquanto o prazer não poderia ser associado a um estado de sofrimento (a não ser entre os masoquistas!), podemos ser felizes estando doentes, em situação provisória de fracasso afetivo ou profissional. Isso não significa que não se deva fazer nada para eliminá-lo. Muito pelo contrário: diante do sofrimento, é preciso evitar todo fatalismo e procurar tanto quanto possível suprimir-lhe a causa. Mas se não podemos fazer nada, se ficamos impotentes diante de uma doença, uma provação da vida, uma injustiça, ainda assim podemos agir interiormente para que elas não alterem nossa serenidade.

O importante é nunca ser sufocado pela dor, nem se deixar afundar na infelicidade. A infelicidade vem da percepção que temos do sofrimento: uma mesma dor pode nos tornar infelizes ou não. O sentimento de infelicidade é um produto do espírito. Vários indivíduos poderão passar pela mesma provação, eles não serão todos necessariamente infelizes, e, para aqueles que o forem, será em graus diversos.

O espírito pode dar sentido ao sofrimento, transmutá-lo, inseri-lo num conjunto mais amplo de percepções. Uma mulher pode sofrer fisicamente as dores do parto e sentir uma plenitude de felicidade diante da ideia de pôr no mundo uma criança: ela dispõe a dor física numa perspectiva maior, a da vinda de seu filho ao mundo. De modo muito mais radical, os mártires cristãos da Antiguidade rendiam-se alegremente ao suplício, convencidos de que ele lhes valeria uma felicidade eterna junto de um Deus que eles veneravam mais que tudo.

O sentimento de felicidade ou de infelicidade provém, portanto, *in fine*, do espírito. Para aqueles que ainda não o experimentaram, essa afirmação é ainda mais convincente porque ela emana não apenas de pensadores profissionais, ou de distantes sábios da Antiguidade, mas de pessoas comuns, entre nossos contemporâneos, que o afirmam a partir de uma situação vivida. Remeto o leitor à obra de meu amigo Alexandre Jollien, que passou dezessete anos num instituto especializado em consequência de uma grave limitação física de nascença, e que dá testemunho, em seus livros, de sua alegria, apesar dos momentos de sofrimento e de dúvida que ele atravessa. Entre diversos testemunhos perturbadores, gostaria de citar também o de uma jovem judia holandesa, deportada e morta em Auschwitz em 1943, aos 29 anos: Etty Hillesum. Em seu diário, redigido durante os dois anos que precederam sua prisão, quando tinha poucas chances de escapar à deportação, ela escreve:

> Quando temos uma vida interior, pouco importa, sem dúvida, de que lado das grades do campo nos encontramos. [...] Já sofri mil mortes em mil campos de concentração. Conheço tudo. Nenhuma informação nova me angustia mais. De um modo ou de outro, já sei tudo. E apesar disso acho esta vida bela e rica em sentido. A cada instante. [...] O grande obstáculo é sempre a representação, e não a realidade.[2]

Algumas semanas antes de ser deportada, ela estava no campo de trânsito de Westerbork de onde enviava cartas aos amigos, contando as terríveis condições de vida no campo. Seu amor pela vida, contudo, não a abandonou:

> Devemos manter os olhos fixos nas poucas grandes coisas que importam na vida; podemos deixar de lado, sem medo, todo o resto. E essas poucas grandes coisas nós encontramos em todos os lugares. É preciso aprender a redescobri-las continuamente em si para renovar-se com elas. E, apesar de tudo, voltamos sempre à mesma constatação: por essência, a vida é boa. [...] Os campos da alma e do espírito são tão vastos, tão infinitos que esse montinho de desconforto e de sofrimentos físicos não tem mais muita importância; não tenho a impressão de ter sido privada de minha liberdade, e, no fundo, ninguém pode verdadeiramente me fazer mal.[3]

Essas palavras nos fazem pensar na "cidadela interior" dos sábios estoicos e na liberdade última de que fala Spinoza, a qual não tem nada a ver com a liberdade de escolha, de ir e vir, ou de expressão — Etty Hillesum não gozava mais de nenhuma dessas formas de liberdade —, e que é a manifestação de uma alegria interior que nada, nem ninguém, pode confiscar.

Em consonância com Freud, Pascal Bruckner afirma que a sabedoria é, de agora em diante, impossível:

> Não há em nós, provavelmente não haverá mais, sabedoria diante do sofrimento como antigamente os Antigos ofereciam, como ainda propõem os budistas, pelo simples motivo de que a sabedoria supõe um equilíbrio entre o indivíduo e o mundo, e que esse equilíbrio se rompeu há muito tempo, pelo menos desde o início da Revolução Industrial.[4]

Etty Hillesum e Alexandre Jollien, entre outros, desmentem veementemente essa asserção. Porque possui um espírito, o ser humano pode — e poderá sempre, quaisquer que sejam as perturbações do mundo — alcançar a sabedoria. Ele não poderá necessariamente mudar o mundo, mas poderá sempre mudar sua maneira de perceber e extrair uma inalterável alegria desse trabalho de transmutação interior.

Repetindo: a felicidade não se decreta; ela advém, às vezes, sem que a procuremos. Mas também pode ser fruto da atenção cotidiana, da vigilância, do trabalho interior. O que os filósofos gregos chamam de *askesis*, ascese, é, no sentido etimológico da palavra, um "exercício", um treinamento do espírito. Podemos assim, seguindo os clássicos gregos, budistas, ou Spinoza, procurar nos libertar da "servidão" de nossos afetos através de um trabalho constante sobre nós. Podemos igualmente, seguindo Chuang-Tzu ou Montaigne, procurar viver de modo justo, com flexibilidade e desprendimento para experimentar a alegria de ser, sem necessariamente perseguir esta última sabedoria. Toda ética posta em ação para alcançar a felicidade suprema ou para viver melhor só tem sentido porque a felicidade e a vida são desejáveis. Como escreve Robert Misrahi, "a ética é o empreendimento filosófico de reconstrução da vida na perspectiva da alegria".[5] Eu acrescentaria que somos todos chamados a filosofar, em outras palavras, a pensar mais acertadamente e a viver em coerência com o pensamento.

Podemos considerar a alegria de duas maneiras: como uma emoção intensa — alegria de passar no vestibular, de ver seu time de futebol ganhar, de encontrar um ser querido, por exemplo —, ou então como um sentimento permanente no qual nosso ser profundo mergulha. Essa alegria não é uma simples emoção passageira, é nossa verdade essencial. Nós a experimentamos quando estamos de acordo com nós mesmos, com outrem e com o universo. Ela resulta do esplendor da felicidade e do amor, e por isso a confundimos facilmente com a felicidade e o amor: alegria de viver, sentimento de gratidão, sentimento de harmonia em nós, e entre o mundo e nós. Ela não é algo adquirido, como se algo exterior viesse se incutir em nós. É fruto de um desvelamento: ela preexiste em nós, e cabe a nós fazê-la emergir. Trata-se, então, de realizar um trabalho de desobstrução: retirar os obstáculos que obstruem o acesso à paz e à liberdade indestrutíveis que estão em nós.

O exercício do espírito consiste assim em eliminar tudo o que em nós dificulta a alegria de viver. Ora, nós procedemos exatamente ao contrário: procuramos ser mais felizes eliminando obstáculos exteriores a nós. Esforçamo-nos para melhorar nosso conforto material, para ter mais sucesso no plano profissional, para ser mais reconhecidos por nossos próximos, para nos cercar de pessoas que nos dispensam prazeres. Concentramos todos os nossos esforços no exterior e negligenciamos o trabalho interior: o conhecimento de si, do domínio sobre nossas pulsões, a eliminação das emoções perturbadoras ou de representações mentais errôneas. Sem negligenciar nossos esforços sobre o exterior, o trabalho interior é indispensável àquele que aspira a uma felicidade mais estável e profunda, a viver melhor. O conhecimento filosófico, entendido como exercício espiritual, permite a libertação da alegria escondida no coração de cada um de nós. Como o sol que não deixa de brilhar acima das nuvens, o amor, a alegria e a paz estão sempre no fundo de nós. É o que a palavra grega *eudaimon* (feliz) quer dizer de maneira simples: *eu* (de acordo) *daimon* (gênio, divindade): ser feliz, para os gregos, significa antes de tudo estar de acordo com nosso bom gênio, ou com a parte de divino que existe em nós. Eu diria: vibrar com nosso ser profundo.

Notas

PRÓLOGO [pp. 7-15]
1. Epicuro, *Carta sobre a felicidade (a Meneceu)*. São Paulo: Unesp, 1999.
2. Aristóteles, *Ética a Nicômaco*. São Paulo: Martin Claret, 2008.
3. Sigmund Freud, *O mal-estar na civilização e outros textos*. São Paulo: Companhia das Letras, 2010.
4. Epicuro, *Lettres et maximes*. Paris: Presses Universitaires de France, 1987, p. 41.
5. Pierre Hadot, *Exercícios espirituais e filosofia antiga*. São Paulo: É Realizações, 2014, p. 65.
6. Ibid., p. 66.
7. Robert Misrahi, *A felicidade, ensaio sobre a alegria*. Rio de Janeiro: Difel, 2001.
8. Saint-Just, *Oeuvres complètes*. Paris: Gallimard, 2004.
9. Gustave Flaubert, *Lettres à Louise Colet*. Paris: Magnard, 2003.
10. Sigmund Freud, *O mal-estar na civilização e outros textos*, op. cit.
11. André Comte-Sponville, *A felicidade, desesperadamente*. São Paulo: Martins Fontes, 2001.
12. Pascal Bruckner, *A euforia perpétua: Ensaio sobre o dever de felicidade*. Rio de Janeiro: Difel, 2002.

1. AMAR A VIDA QUE SE LEVA [pp. 17-22]
1. Jean Giono, *La Chasse au bonheur*. Paris: Gallimard, col. Folio, 1991.
2. Montaigne, *Os ensaios*. São Paulo: Companhia das Letras, 2010.
3. Aristóteles, *Ética a Nicômaco*. São Paulo: Edipro, 2014.

2. NO JARDIM DOS PRAZERES, COM ARISTÓTELES E EPICURO [pp. 23-32]
1. Aristóteles, *Ética a Nicômaco*. São Paulo: Edipro, 2014, VII, 12.
2. Ibid., I, 5.
3. Sigmund Freud, *O mal-estar na civilização e outros textos*, op. cit. Ver também "Formulations sur les deux principes de l'advenir psychique" (1911) in *Résultats, idées, problèmes*. Paris: PUF, 1998.
4. Aristóteles, *Ética a Nicômaco*. São Paulo: Martin Claret, 2008, VII, 14.
5. Ibid., X, 7.
6. Ibid., X, 9.
7. Ibid., I, 10.
8. Epicuro, Fragmento 469 in H. Usener, *Epicurea*. Leipzig: Teubner, 1887, p. 300.
9. Epicuro, *Cartas sobre a felicidade (a Meneceu)*, op. cit., p. 129.
10. Ibid., p.130.
11. Juvenal, *Sátiras*. Rio de Janeiro: Ediouro Paradidatic, 1990.
12. Arthur Schopenhauer, *A arte de ser feliz*. São Paulo: Martins Fontes, 2001.
13. Voltarei ao tema no capítulo 11.
14. Essa questão foi objeto do capítulo 10.

3. DAR SENTIDO À VIDA [pp. 33-5]
1. Sêneca, *Cartas a Lucílio*, VIII, 71.
2. K. C. Berridge, M. L. Kringebach, "Building a Neuroscience of Pleasure and Well-Being" in *Psychology of Well-Being: Theory, Research and Practice*, 2011. Disponível em: <http://www.psywb.com/content/1/1/3>.

4. VOLTAIRE E O IMBECIL FELIZ [pp. 36-8]
1. Voltaire, "Histoire d'un bon Bramin" in *Zadig et autres contes*. Paris: Gallimard, 1992.

2. Ibid.
3. André Comte-Sponville, *A felicidade, desesperadamente*, op. cit.

5. TODO SER HUMANO DESEJA SER FELIZ? [pp. 39-42]
1. Alain, *Propos sur le bonheur*. Paris: Gallimard, 1985, XCII.
2. Santo Agostinho, *Sobre a vida feliz*. Petrópolis: Vozes, 2014.
3. Blaise Pascal, *Pensamentos*. São Paulo: Martins Fontes, 2005.
4. Matthieu Ricard, *Felicidade: A prática do bem-estar*. Rio de Janeiro: Palas Athenas, 2012.
5. Platão, *Eutidemo*. São Paulo: Loyola, 2011.
6. Alain, *Propos sur le bonheur*, op. cit.

6. A FELICIDADE NÃO É DESTE MUNDO: SÓCRATES, JESUS, KANT [pp. 43-6]
1. Lucas 6,22.
2. Immanuel Kant, *Fundamentação da metafísica dos costumes*. São Paulo: Martin Claret, 2005, I.
3. Ibid., II.
4. Mateus 26,37-39.
5. Apocalipse 21,3-4.
6. Platão, *Fédon*. São Paulo: Martin Claret, 2002.

7. DA ARTE DE SER VOCÊ MESMO [pp. 47-9]
1. Goethe, *Divan occidental-oriental*.
2. Gustave Flaubert, *Lettres à Louise Colet*. Paris: Magnard, 2003.
3. Goethe, *Divan occidental-oriental*, O livro de Suleika, 7ª parte.

8. SCHOPENHAUER: A FELICIDADE ESTÁ EM NOSSA SENSIBILIDADE [pp. 50-4]
1. Arthur Schopenhauer, *A arte de ser feliz*, op. cit.
2. Ibid.
3. Ibid.
4. Arthur Schopenhauer, *Eudemonologia*. Rio de Janeiro: Vecchi, 1996.
5. Ibid.
6. O essencial, *Cerveau et Psycho*, maio./jul. 2013, p. 14. Uma vez que não tive acesso à metodologia que orientou a pesquisa, confesso não

saber como uma avaliação numerada com tamanha precisão pode ser feita, mas eu a apresento ao leitor tal qual!

9. O DINHEIRO TRAZ FELICIDADE? [pp. 55-60]

1. Sêneca, *Sobre a ira/Sobre a tranquilidade da alma*. São Paulo: Companhia das Letras, 2014.
2. Amos Tversky, Dale Griffin, "Endowments and Contracts in Judgments of Well-Being" in R. J. Zeckhauser (dir.), *Strategy and Choice*. Cambridge: MIT Press, 1991.
3. Sêneca, *Sobre a ira/Sobre a tranquilidade da alma*, op. cit.
4. Marie de Vergès, "Parlons bonheur, parlons croissance". *Le Monde*, 26 fev. 2013.
5. Jean-Jacques Rousseau, *Discurso sobre a origem e os fundamentos da desigualdade entre os homens*, II. Porto Alegre: L&PM, 2008.

10. O CÉREBRO DAS EMOÇÕES [pp. 61-6]

1. Rick Hanson, *O cérebro de Buda: Neurociência prática para a felicidade*. São Paulo: Alaúde, 2012.
2. Agradeço a Émilie Houin e ao *Petit Larousse médical* por terem me ajudado a explicitar alguns dados ao longo deste capítulo.
3. Ex-diretor clínico no Brain Bio Center de Princeton, responsável pelos centros médicos PATH de Nova York e Filadélfia. Ver sua obra *Un cerveau à 100%*, Vergèze, Thierry Souccar Éditions, 2007, da qual foram tiradas as informações que se seguem.
4. Martin-Du Pan, *Revue médicale suisse*, 2012, v. 8, pp. 627-30.
5. *Journal of Human Genetics*, v. 56, pp. 456-9, jun. 2011. Disponível em: <http://www.nature.com/jhg/journal/v56/n6/full/jhg201139a.html>.

11. SOBRE A ARTE DE ESTAR ATENTO... E DE SONHAR [pp. 67-73]

1. Sêneca, *Cartas a Lucílio*, I, 1.
2. Encontra-se uma excelente síntese desses trabalhos no artigo de dois psiquiatras pesquisadores do hospital Pitié-Salpêtrière, Antoine Pelissolo e Thomas Mauras, "Le cerveau heureux". *Cerveau et Psycho*, jul. 2013, pp. 26-32.
3. Christophe André. " Méditer jour aprés jour" *L'Iconoclaste*, 2011. Indicamos também a obra do filósofo e meditador budista Fabrice Midal, *Pratique de la méditation*. Paris: Le Livre de Poche, 2012.

4. Antoine Pelissolo e Thomas Mauras, art. citado.
5. Um dos mais populares e inteiramente dedicado à questão: Eckart Tollé, *Praticando o poder do agora*. Rio de Janeiro: Sextante, 2005.
6. Sevim Riedinger, *Le Monde secret de l'enfant*. Paris: Carnets Nord/ Éditions Montparnasse, 2013, p. 79.

12. SOMOS O QUE PENSAMOS [pp. 74-9]
1. Epiteto, *Manual*, Arlea, 1990.
2. Arthur Schopenhauer, *A arte de ser feliz*, op. cit. regra de vida nº 25.
3. Ibid., regra de vida nº 27.
4. Ibid., regra de vida nº 18.
5. Ver sua obra principal em dois volumes: *Traité du désespoir et de la béatitude*. Paris: PUF, 1984.
6. Martin Seligman, *Aprenda a ser otimista*. 2.ed., Rio de Janeiro: Nova Era, 2005.

13. O TEMPO DE UMA VIDA [pp. 80-2]
1. In *Le Monde des Religions*, entrevista, nov./dez. 2013.
2. P. Brickman, D. Coates, R. Janoff-Bulman, "Lotery Winners and Accident Victims: Is Happiness Relative?", *Journal of Personality and Social Psychology*, v. 36, 1978.
3. Cédric Afsa e Vincent Marcus, "Le bonheur attend-il le nombre des années?" France, Insee, portrait social, édition 2008.

14. PODEMOS SER FELIZES SEM OS OUTROS? [pp. 83-7]
1. Aristóteles, *Ética a Nicômaco*. São Paulo: Edipro, 2014, VIII.
2. Ibid., IX, 4.
3. Diógenes Laércio, *Vidas e doutrinas dos filósofos ilustres*. Brasília: UnB, 1988.
4. Montaigne, *Os ensaios*, op. cit.
5. Aristóteles, *Ética a Nicômaco*, op. cit.
6. Montaigne, *Os ensaios*, op. cit.
7. Ver especialmente E. Diener, M. Seligman, M. P. E. "Very Happy People". *Psychological Science*, 2002, v. 13, pp. 81-4.
8. Atos dos Apóstolos 20,35.

9. Jean-Jacques Rousseau, *Os devaneios do caminhante solitário*. Porto Alegre: L&PM Editores, 2008.
10. Matthieu Ricard, *A revolução do altruísmo*. Rio de Janeiro: Palas Athena, 2015.

15. O CONTÁGIO DA FELICIDADE [pp. 88-90]

1. Alain, *Propos sur le bonheur*, op. cit.
2. André Gide, *Os frutos da terra*. Rio de Janeiro: Rio Gráfica, 1986.
3. "Dynamic spread of happiness in a large social network: longitudinal analysis over 20 years in the Framingham Heart Study". Disponível em: <http://dx.doi.org/10.1136/bmj.a2338> (Publicado em: 5 dez. 2008).

16. FELICIDADE INDIVIDUAL E FELICIDADE COLETIVA [pp. 91-6]

1. Spinoza, *Ética*. Belo Horizonte: Autêntica, 2010.
2. Pascal Bruckner, *A euforia perpétua: Ensaio sobre o dever de felicidade*, op. cit., p. 45.
3. Ibid., p. 18.
4. Aristóteles, *Ética a Nicômaco*. São Paulo: Edipro, 2014.
5. Retomo aqui, resumindo-as, algumas páginas de minha obra *La Guérison du monde* (Fayard, 2012) sobre as três revoluções individualistas.
6. Gilles Lipovetsky, *A era do vazio: Ensaios sobre o individualismo contemporâneo*. Barueri: Manole, 2005.
7. John Stuart Mill, *A liberdade – utilitarismo*. São Paulo: Martins Fontes, 2000.

17. A BUSCA DA FELICIDADE PODE TRAZER A INFELICIDADE? [pp. 97-100]

1. Denis Diderot, *Éléments de physiologie* (LEW., XIII).
2. Pascal Bruckner, *A euforia perpétua: Ensaio sobre o dever da felicidade*, op. cit., pp. 59, 86, 93.
3. Max Weber, *A ética protestante e o espírito do capitalismo*. São Paulo: Companhia das Letras, 2004.
4. Alain Ehrenberg, *La Fatigue d'être soi*. Paris: Odile Jacob, 1998, p. 292.
5. David Hume, *Essai sur le stoïcien*, 1742.

18. DO DESEJO AO TÉDIO: A FELICIDADE IMPOSSÍVEL [pp. 101-4]
1. Arthur Schopenhauer, *O mundo como vontade e como representação*. São Paulo: Unesp, 2005.
2. Lucrécio, *De rerum natura*, III, 1083-84.
3. Immanuel Kant, *Crítica da razão pura*. Petrópolis: Vozes, 2012.
4. Arthur Schopenhauer, *O mundo como vontade e como representação*, op. cit, IV, 38.
5. Ibid., IV, 57.
6. Arthur Schopenhauer, *A arte de ser feliz*, op. cit., regra de vida nº 16.
7. Sigmund Freud, *O mal-estar da civilização e outros textos*, op. cit.

19. O SORRISO DE BUDA E DE EPITETO [pp. 105-18]
1. Epiteto, *Manual*, op. cit.
2. Tilopa é um sábio budista do século IX.
3. Epiteto, *Manual*, op. cit.
4. Ibid., p. 18.
5. Ibid., p. 19.
6. Para os que gostariam de aprofundar essa questão, remeto ao compêndio de Serge-Christophe Kolm, *Le bonheur-liberté, bouddhisme profond et modernité*. Paris: PUF, 1982.
7. Citado por Jean-François Revel, *Histoire de la philosophie occidentale*. Paris: NiL, 1994, p. 212.

20. O RISO DE MONTAIGNE E DE CHUANG-TZU [pp. 119-40]
1. Montaigne, *Os ensaios*, op. cit.
2. Chuang-Tzu, Livro 6.
3. Montaigne, *Os ensaios*, op. cit.
4. Cícero, *Tusculanes*, I, 30: "A vida dos filósofos se resume a uma meditação para a morte".
5. Montaigne, *Os ensaios*, op. cit.
6. Ibid.
7. Ibid.
8. Marcel Conche, *Montaigne ou la conscience heureuse*. Paris: PUF, 2002, p. 63.
9. Montaigne, *Os ensaios*, op. cit.
10. Ibid., II, 12.
11. Ibid., I, 31.

12. Ibid., I, 24.
13. Ibid., III, 9.
14. Ibid., III, 13.
15. Ibid., I, 14.
16. Ibid., III, 13.
17. Chuang-Tzu, *Oeuvre complète*, livre 17. Paris: Gallimard, 1969.
18. Lao-Tzu, *O livro do caminho e da virtude*. Rio de Janeiro: Mauadx, 2011.
19. Chuang-Tzu, op. cit., livro 3.
20. Lao-Tzu, *O livro do caminho e da virtude*, op. cit., capítulo 29.
21. Ibid., capítulo 7.
22. Chuang-Tzu, op. cit., livro 19.
23. Antoine Compagnon, *Uma temporada com Montaigne*. São Paulo: WMF Martins Fontes, 2015.
24. Lao-Tzu, *O livro do caminho e da virtude*, op. cit., capítulo 78.
25. Ibid., capítulo 28.
26. Chuang-Tzu, op. cit., livro 18.
27. Chuang-Tzu, op. cit., livro 5.
28. Marcel Conche, *Montaigne ou la conscience heureuse*, op. cit., pp. 88-9.

21. A ALEGRIA DE SPINOZA E DE MA ANANDAMAYI [pp. 141-60]

1. Spinoza, *Ética*. Belo Horizonte: Autêntica, 2010.
2. Citado em António Damásio, *Spinoza avait raison. Joie et tristesse, le cerveau des émotions*. Paris: Odile Jacob, 2003, p. 250.
3. Jean-François Revel, *Histoire de la philosophie occidentale*, op. cit., p. 404.
4. Spinoza, *Ética*, op. cit.
5. Ibid., 3ª parte, prefácio.
6. Ibid., III, 2, notas.
7. Ibid., III, proposição 6.
8. António R. Damásio, *Spinoza avait raison. Joie et tristesse, le cerveau des émotions*, op. cit., p. 40.
9. Spinoza, *Ética*, op. cit.
10. Ibid., IV, 8, demonstração.
11. Spinoza, Carta 19 para Blyenbergh.
12. Gilles Deleuze, *Espinosa: Filosofia prática*. São Paulo: Escuta, 2002.

13. Spinoza, *Ética*, op. cit.
14. Ibid., IV, 18, demonstração. "Nisso consiste a modernidade de Spinoza e a modernidade do spinozismo". Observa Robert Misrahi, um dos mais esclarecedores estudiosos do filósofo que tentou desenvolver sua obra aprofundando as noções de desejo e de liberdade na medida do pensamento moderno (*Le Bonheur. Essai sur la joie*, op. cit., p. 32). Ver também de Robert Misrahi, *100 mots sur l'Éthique de Spinoza*. Paris: Les Empêcheurs de tourner en rond, 2005.
15. Spinoza, *Ética*, op. cit, III.
16. Ibid., III, 39, notas.
17. Ibid., IV, proposição 7.
18. Ibid., IV, prefácio e 4ª, demonstração.
19. Spinoza, *Tratado teológico-político*. São Paulo: Martins Editora, 2008.
20. Spinoza, *Ética: Demonstrada à maneira dos geômetras*. São Paulo: Martin Claret, 2003, V, 42, notas.
21. Ibid., I, 15, proposição.
22. "Chândogya Upanishad", 6, 8. *Sept Upanishads*, traduzidos e comentados por Jean Varenne. Paris: Seuil, 1981.
23. Spinoza, *Ética: Demonstrada à maneira dos geômetras*, op. cit.
24. Bruno Giuliani, *Le Bonheur avec Spinoza*. Paris: Éditions Almora, 2011. Nessa obra, o autor propõe uma audaciosa reescritura da *Ética* adaptada ao mundo de hoje. Seu texto é em geral afastado do de Spinoza, embora permaneça fiel ao seu espírito.
25. *L'Enseignement de Mâ Anandamayî*. Paris: Albin Michel, 1988, pp. 181 e 185.
26. Mâ Anandamayî, *Retrouver la joie*, textos inéditos, prefácio de Arnaud Desjardins. Paris: le Relié, 2010, p. 11.

EPÍLOGO [pp. 161-8]

1. In *Le Monde des Religions*, entrevista, nov./dez. 2013.
2. Etty Hillesum, *Uma vida interrompida: Os diários de Etty Hillesum 1941-43*. Rio de Janeiro: Record, 1981.
3. Id., *Lettres de Westerbork*, 26 e 29 jun. 1943.
4. Pascal Bruckner, *A euforia perpétua: Ensaio sobre o dever da felicidade*, op. cit., p. 255.
5. Robert Misrahi, *Le Bonheur...*, op. cit., p. 56.

Bibliografia escolhida

Clássicos em ordem cronológica

BUDA, Sermões.
LAO-TZU, Tao-te-king.
CHUANG-TZU, Oeuvre complète.
PLATÃO, Apologia de Sócrates.
ARISTÓTELES, Ética a Nicômaco.
EPICURO, Cartas sobre a felicidade (a Meneceu) e Lettres et Maximes.
LUCRÉCIO, De rerum natura.
EPITETO, Manual.
SÊNECA, Cartas a Lucílio.
MARCO AURÉLIO, Pensées pour moi-même.
MONTAIGNE, Os ensaios.
PASCAL, Pensamentos.
SPINOZA, Ética.
KANT, Fundamentação da metafísica dos costumes.
SCHOPENHAUER, A arte de ser feliz e O mundo como vontade e como representação.
FREUD, O mal-estar na civilização e outros textos.
ALAIN, Propos sur le bonheur.
ETTY HILLESUM, Uma vida interrompida: Os diários de Etty Hillesum 1941-43.
MA ANANDAMAYI, Enseignement.

Comentários e análises dos clássicos

JEAN-FRANÇOIS BILLETER, *Études sur Tchouang-tseu*. Paris: Allia, 2004.
ANNE CHENG, *História do pensamento chinês*. Rio de Janeiro: Vozes, 2008.
ANTOINE COMPAGNON, *Uma temporada com Montaigne*. São Paulo: WMF Martins Fontes, 2015.
MARCEL CONCHE, *Montaigne ou la conscience heureuse*. Paris: PUF, 2002.
ANTÓNIO DAMÁSIO, *Spinoza avait raison*. Paris: Odile Jacob, 2003.
GILLES DELEUZE, *Espinosa: Filosofia prática*. São Paulo: Escuta, 2002.
BRUNO GIULIANI, *Le Bonheur avec Spinoza*. Paris: Almora, 2011.
MARC HALÉVY, *Le Taoïsme*. Paris: Eyrolles, 2009.
FRANÇOIS JULLIEN, *Un sage est sans idée, ou l'autre de la philosophie*. Paris: Seuil, 2013.
ALEXIS LAVIS, *L'Espace de la pensée chinoise*. Escalquens: Paris: Oxus, 2010.
FRÉDÉRIC MANZINI, *Spinoza, textes choisis*. Paris: Seuil, 2010.
ROBERT MISRAHI, *100 mots sur l'Éthique de Spinoza*. Paris: Les empêcheurs de tourner en rond, 2005. *Spinoza, une philosophie de la joie*. Paris: Entrelacs, 2005.
JEAN-FRANÇOIS REVEL, *Histoire de la philosophie occidentale*. Paris: NiL, 1994.
ISABELLE ROBINET, *Lao Zi et le Tao* [Lao-Tzu e o Tao]. Paris: Bayard Éditions, 1996.

Ensaios contemporâneos

CHRISTOPHE ANDRÉ, *Vivre heureux*. Paris: Odile Jacob, 2003.
ERIC BRAVERMAN, *Un cerveau à 100%*. Vergèze: Thierry Souccar éditions, 2007.
PASCAL BRUCKNER, *A euforia perpétua: Ensaio sobre o dever da felicidade*. Difel, 2002.
ANDRÉ COMTE-SPONVILLE, *Traité du désespoir et de la béatitude*. Paris: PUF, 1984, 2 v. *A felicidade desesperadamente*. São Paulo: Martins Fontes 2001.
BORIS CYRULNIK, *Un merveilleux malheur*. Paris: Odile Jacob, 1999.
ROGER-POL DROIT, *Les Héros de la sagesse*. Paris: Plon, 2009.
ALAIN EHRENBERG, *La Fatigue d'être soi*. Paris: Odile Jacob, 1998.

Luc Ferry, *O que é uma vida bem-sucedida*. Rio de Janeiro: Difel, 2004.
Pierre Hadot, *Exercícios espirituais e filosofia antiga*. São Paulo: É Realizações, 2014.
Rick Hanson, *O cérebro de Buda*. São Paulo: Alaúde, 2012.
Alexandre Jollien, *Petit traité de l'abandon*. Paris: Seuil, 2012.
Serge-Christophe Kolm, *Le bonheur-liberté, bouddhisme profond et modernité*. Paris: PUF, edição revista, 1994.
Robert Misrahi, *A felicidade, ensaio sobre a alegria*. São Paulo: Difel, 2001.
Michel Onfray, *A potência de existir*. São Paulo: WMF Martins Fontes, 2015.
Matthieu Ricard, *Felicidade: A prática do bem-estar*. Rio de Janeiro: Palas Athenas, 2012.
Martin Seligman, *La Force de l'optimisme. Apprendre à faire confiance à la vie*. Paris: Dunod/InterEditions, 2008, Pocket, 2012.

1ª EDIÇÃO [2016] 3 reimpressões

ESTA OBRA FOI COMPOSTA PELA ABREU'S SYSTEM EM INES LIGHT
E IMPRESSA EM OFSETE PELA LIS GRÁFICA SOBRE PAPEL PÓLEN SOFT
DA SUZANO S.A. PARA A EDITORA SCHWARCZ EM AGOSTO DE 2021

A marca FSC® é a garantia de que a madeira utilizada na fabricação do papel deste livro provém de florestas que foram gerenciadas de maneira ambientalmente correta, socialmente justa e economicamente viável, além de outras fontes de origem controlada.